AF282995

Guía para el docente y solucionarios

Desarrollo de aplicaciones con tecnologías web

ic editorial

Editado por: IC Editorial
c/ Cueva de Viera, 2, Local 3
Centro Negocios CADI
29200 Antequera (Málaga)
Teléfono: 952 70 60 04
Fax: 952 84 55 03
Correo electrónico: iceditorial@iceditorial.com
Internet: www.iceditorial.com

Guía para el docente y solucionarios:
Desarrollo de aplicaciones con tecnologías web

1ª Edición

© IC Editorial 2024

ISBN: 978-84-1184-528-1
Depósito Legal: MA 3060-2024

Impresión: PODiPrint
Impreso en Andalucía - España

Índice

Bloque 1
Guía para el docente: técnicas de enseñanza y aprendizaje

Contenido

1. Introducción

El presente capítulo está destinado a ofrecer al cuerpo docente responsable de la enseñanza del programa de cualificaciones profesionales y certificados de profesionalidad, una guía metodológica para obtener el máximo rendimiento de los contenidos formativos que han sido desarrollados para el presente título.

La mejora de las habilidades comunicativas y la aplicación de una metodología contrastada de enseñanza, aprendizaje y evaluación permitirá transmitir el conocimiento y adquirir el programa formativo de la forma más efectiva y práctica posible.

Estudiaremos cuáles son los principales elementos que forman parte de la comunicación profesor-alumno, a través de una cuidada selección de sistemas de planificación de estrategias didácticas, así como la utilización de medios y recursos didácticos.

La integración de todas las actividades planificadas alrededor de un plan de formación adaptado e individualizado, aumentará además la satisfacción del alumnado por la utilización de un sistema no lineal e interactivo que se retroalimenta gracias a la relación establecida entre la propia metodología y los actores que forman parte de la enseñanza.

2. El programa de formación

Una de las claves del éxito de la mayoría de las actividades que se realizan en general, y concretamente en la formación, es la **programación.** Es necesaria la programación de las acciones formativas, para que así se pueda alcanzar el objetivo final, es decir, que el alumno obtenga una buena capacitación y adquiera nuevos conocimientos en su repertorio y que, después, sea capaz de emplearlos en su trabajo.

2.1. Definición de programación

Cuando se habla de **programación,** se pueden encontrar multitud de definiciones. Para sintetizar, se podría definir como la actividad de enunciar lo que se quiere hacer (objetivos, contenidos, métodos, temporalización, medios y recursos didácticos y evaluación).

 Definición

Programación
Es un plan donde se establecen las acciones que se van a realizar en un proceso de enseñanza-aprendizaje, por medio de un formador o un equipo.

A continuación, se va a describir una serie de características que tiene que tener una programación didáctica:

- Dinámica. Una programación no es estática ni está acabada, siempre está en constante revisión, de ahí su dinamismo. Además va cambiando o evolucionando según los resultados de la evaluación continua que se va realizando durante la ejecución de la acción.
- Flexible. Esta característica permite que se puedan hacer cambios, ampliaciones, reducciones y actualizaciones de los contenidos y actividades programadas, según las necesidades que se observen.
- Creativa. La programación como es un diseño propio y exclusivo, exige creatividad y originalidad. El docente es el que decide sobre el quehacer en el aula teniendo en cuenta las características del grupo, las necesidades que se pretenden satisfacer y las propias posibilidades.
- Prospectiva. La programación consiste en hacer un pronóstico de la interacción que se va a producir en el aula.

- Sistemática. La programación es un proceso sistematizador que da coherencia a la acción formativa, ya que tiene en cuenta todos los elementos (objetivos, contenidos, métodos, temporalización, medios y recursos pedagógicos y evaluación) que intervienen en el acto educativo y analiza sus relaciones.
- Integradora. Permite integrar elementos de cualificación técnico-profesionales con elementos de cualificación personal de alumnado.
- Funcional. Toda programación debe basarse en el perfil profesional de la ocupación y estructurar los contenidos formativos que proporcionan las competencias de ésta.

2.2. Elementos de la programación

Antes de empezar cualquier programación formativa, es necesario tener en cuenta los datos obtenidos del análisis de la ocupación y del grupo al que se dirige la acción formativa. A partir de esta información, se determinan los elementos que van a conformar la programación.

Cuando se realiza la programación de un curso, hay que plantearse previamente las siguientes preguntas:

1. ¿Qué quiero conseguir con la formación?	**OBJETIVOS**
2. ¿Qué conocimientos deben asimilar los alumnos para alcanzar los objetivos propuestos?	**CONTENIDOS DEL CURSO**
3. ¿Cómo trabajamos en el aula? ¿Qué actividades son las que realizamos?	**MÉTODOS DE ENSEÑANZA**
4. ¿Cuánto tiempo tengo y cuánto dedico a cada módulo?	**TEMPORALIZACIÓN**
5. ¿Qué medios y recursos didácticos se necesitan para poder llevar a cabo esas actividades?	**MEDIOS Y RECURSOS DIDÁCTICOS**
6. ¿Cómo sabemos que se ha producido el aprendizaje?	**EVALUACIÓN**

3. Factores determinantes de la efectividad de la comunicación en el proceso de enseñanza-aprendizaje

En toda comunicación que se produzca en el proceso de enseñanza-aprendizaje, existen factores determinantes que obstaculizan o refuerzan este proceso.

3.1. Obstáculos de la comunicación

Relacionados con el emisor

- No expresar de forma clara qué mensaje se quiere transmitir.
- Comentar algo a lo largo de la explicación que no sea lo correcto y pueda resultar desagradable.
- Cambiar el tema de conversación.
- Desviarse del tema que se está tratando.
- No mirar al receptor cuando se quiere expresar algo.
- No estar atento a las señales que emite el receptor.
- Expresar alguna idea a través de los gestos que no se corresponda con la idea a comunicar.

Relacionados con el receptor

- No comprender las ideas que quiere expresar el emisor.
- No pedir explicación al emisor de aquella información que no le haya quedado clara.
- Interrumpir al emisor cuando está hablando.
- Captar algo diferente a lo que el emisor desea transmitir.

Relacionados con el mensaje

- Mensaje confuso.
- Mensaje muy corto.
- Mensaje muy extenso.
- Abuso de muletillas.
- Utilización de frases sin terminar.
- Dar "rodeos" para decir la idea principal.

Relacionados con el contexto

- No ser el momento adecuado para transmitir algo.
- No saber escoger el lugar oportuno.
- La presencia de ruidos y de interferencias.
- No pensar en las personas que están cerca.

Relacionados con el código

- No utilizar el mismo código que la persona con la que se habla o a la que se escucha.
- No adaptar el vocabulario a la situación o a la persona con la que se conversa.
- Utilizar el doble sentido.

3.2. Sugerencias para el mejor funcionamiento de la comunicación

Emisor

- Acostumbrarse a planificar la comunicación.
- Concretar visiblemente los objetivos.
- Buscar la retroalimentación en la comunicación.
- No tratar de impresionar al receptor.

Mensaje

- Que sea claramente entendido por el receptor.
- Que la terminología usada sea de referencia común.
- Que reclame la atención y el interés del alumnado.
- Que sea sencillo de interpretar.
- Que su contenido sea adecuado y convincente.
- Que produzca el máximo efecto posible.

Canal

- Que sea el más apropiado al grupo al que se dirige, al contenido del mensaje y al objetivo que persigue el formador.
- Que sea el que cause mayor impacto en el receptor.
- Que sea el más eficaz.
- Que sea el que mejor domine el formador.

4. La comunicación verbal y no verbal en el proceso instructivo

Los medios de comunicación pueden agruparse en dos grandes bloques: los **medios verbales,** que son aquellos que usan la lengua como código compartido; y los **medios no verbales,** que son los que se fundamentan en otros códigos simbólicos. A su vez, dentro de los medios verbales, están el medio escrito y el medio oral.

Cada uno de estos medios tiene sus ventajas y sus inconvenientes, por lo que la selección del medio deberá tener en cuenta las circunstancias y características que en cada caso presenta el comunicador, la audiencia y el mensaje que se ha de transmitir.

4.1. Los medios verbales

La comunicación verbal

La comunicación verbal se utiliza para comunicar ideas o dar información, opiniones, expresar o describir sentimientos, etc. Sirve de vehículo a los contenidos explícitos del mensaje. Para garantizar la efectividad de la comunicación, es necesario que el mensaje se presente de forma descriptiva y operativa, pero siempre teniendo muy en cuenta el código común del grupo al que va dirigida esta comunicación.

Un uso correcto del lenguaje oral ayuda a acercarse más a los alumnos. Los principales aspectos a considerar son los que aparecen a continuación.

Construcciones gramaticales

El objetivo será transmitir el mensaje de la manera más clara posible. Se deben evitar los giros rebuscados, la sintaxis complicada y las metáforas. En las explicaciones y conversaciones debe primar el contenido sobre la forma.

Vocabulario

Es importante saber qué palabras van a expresar mejor los conceptos que se desean transmitir y las que pueden ser comprendidas mejor por los alumnos. El análisis previo de los alumnos ayuda a saber qué términos técnicos se pueden utilizar sin problemas, cuáles se tienen que explicar y cuáles se deben evitar.

En general, siempre hay que mantenerse dentro de un lenguaje formal, evitando los vocablos demasiado coloquiales, las palabras extranjeras, las referencias académicas y expresiones de carácter religioso, político, deportivo o cultural, que pueden resultar agresivas para los alumnos.

Ejemplos

Los conceptos abstractos que pueden aparecer y que dificultan la adquisición de los contenidos, tienen que ser expresados mediante las explicaciones del formador, siempre apoyándose en la visualización.

La comunicación escrita

La comunicación escrita posee un carácter más veraz que la oral. La interacción que tiene lugar entre el emisor y el receptor no es inmediata, en algunas ocasiones no llega a producirse jamás. Este tipo de comunicación ofrece más oportunidades expresivas y mayor complejidad gramatical, sintáctica y léxica. También hay que tener en cuenta que a veces dificulta la expresión y/o puede no proporcionar *feedback* de manera inmediata.

4.2. Los medios no verbales

Al igual que las palabras, los elementos de la comunicación no verbal son signos que representan una idea (se excluyen todos los signos lingüísticos).

A diferencia de la comunicación verbal, su función no se centra sólo en la transmisión de contenido, sino que traspasa esa frontera para expresar también las emociones del emisor, controlar la interacción y proporcionar *feedback* del efecto que el mensaje produce en el receptor. Todas estas funciones son muy útiles para el formador, tanto en su tarea de transmisor de conocimientos como en la tarea de motivar y dirigir al grupo.

A continuación, se detallan las diferentes categorías en las que se agrupan los elementos de la comunicación no verbal.

Kinesia

Posturas

Una de las primeras cosas que el formador debe transmitir a sus alumnos es confianza y seguridad, lo que puede conseguirse a través de una postura erguida (sin llegar a ser arrogante), de pie, apoyándose sobre los dos pies y manteniendo la cabeza alta.

Esta postura es útil, especialmente durante la presentación del curso, porque ayuda a relajar el cuerpo, a facilitar la respiración y a controlar las muestras de nerviosismo, al tener un buen apoyo en el suelo.

A medida que avanza el curso, se pueden adoptar otras posturas que faciliten el descanso (apoyarse), el acercamiento (echar el cuerpo hacia delante) o que resten protagonismo (sentarse).

Gestos

Los gestos son un buen aliado del formador, excepto cuando éste se siente incómodo o nervioso. Gestos de carácter adaptador, como rascarse o colocarse la ropa, pueden delatar su estado emocional.

La mayoría de los gestos cumplen la función de reforzar el mensaje verbal (ilustradores), aunque existen otros cuya función es regular las intervenciones cuando se dirige una discusión de grupo.

Expresiones faciales

Las expresiones de la cara transmiten las emociones y permiten obtener fácilmente una respuesta del alumno.

Una expresión facial agradable, como una sonrisa no forzada, facilita la creación de un ambiente relajado en el aula. Una sonrisa puede ser muy útil también para romper la tensión que inevitablemente surge en algunas sesiones.

Mirada

La mirada, junto con la postura, es uno de los mejores métodos para transmitir confianza (en momentos de nerviosismo se tiende a apartar la vista) y para captar la atención de los alumnos.

Mientras el formador habla debe mantener la mirada sobre los alumnos la mayor parte del tiempo, mirándolos el tiempo suficiente como para que se sientan atendidos pero no incómodos. También se puede utilizar la mirada durante las discusiones de grupo, con una función reguladora de las distintas intervenciones.

Desplazamientos

Realizar desplazamientos en el aula capta la atención del alumnado, además de facilitar el contacto visual. Hay que procurar que no sean repetitivos o bruscos (pasear cerca de los alumnos), y cambiar de un recurso a otro (ir de la pizarra al retroproyector), etc.

Recuerde

Los recursos no verbales que estudia la Kinesia son:

▌ Posturas.
▌ Gestos.
▌ Expresiones faciales.
▌ Mirada.
▌ Desplazamientos.

Estos recursos pueden utilizarse tanto para reforzar lo que se expresa mediante la comunicación verbal como para sustituirlo.

Proxémica

El aspecto de la proxémica que más interesa es la proximidad física entre los individuos, ya que los alumnos pueden sentirse violentos si el formador se aproxima excesivamente a ellos o, por el contrario, verle distante si no se acerca.

Se debe prestar atención a este aspecto, tanto durante las intervenciones como al distribuir el espacio del aula que se va a emplear, evitando siempre que los asientos estén demasiado juntos o demasiado separados.

Paralingüística

Para captar la atención del público, los oradores suelen hacer uso de determinados aspectos como el tono de voz o las pausas, que en algunos casos pueden parecer exagerados.

El formador, aunque emplee el método de la lección magistral, no es un orador y, por tanto, no debe prestar especial atención a estos aspectos, excepto cuando le plantean algún problema, debido a la ansiedad, al cansancio o a un mal estado de salud. Practicar en voz alta y realizar grabaciones durante la fase de preparación puede ayudar a vencer estas dificultades.

Volumen

Aunque el aula sea pequeña, se tiene que realizar el esfuerzo de hablar lo suficientemente alto para que todos los alumnos oigan las explicaciones y, a la vez, transmitir confianza. En general, el volumen se ajustará instintivamente cuando se compruebe dónde se sitúa la persona que se encuentra más alejada.

Entonación

El problema más frecuente, especialmente si se está cansado, es la monotonía, que no contribuye a captar la atención ni a motivar a los alumnos.

El interés que el formador muestre por el tema y una correcta preparación le hará destacar los puntos clave y jugar con la entonación de una forma adecuada a lo largo de toda la exposición.

Pronunciación

Los problemas se presentan especialmente cuando se está nervioso o se habla demasiado rápido. Se debe hacer un esfuerzo por articular todas las palabras de manera limpia y clara, abriendo la boca lo suficiente para pronunciar correctamente las sílabas, consonantes y vocales.

Velocidad

Una velocidad correcta puede ayudar a resolver problemas de pronunciación y de entonación. Se debe hablar a una velocidad normal o algo superior, para facilitar el mantenimiento de la atención. No obstante, si se está nervioso, se puede hablar con mayor lentitud para facilitar la respiración y relajarse. También se debe reducir la velocidad cuando se expliquen conceptos técnicos complejos o cuando se espere alguna respuesta por parte de los alumnos.

Recuerde

Los elementos que trata la Paralingüística son:

I El volumen.
I La entonación.
I La pronunciación.
I La velocidad.

Proyección física

Existen determinados factores que, sin que la persona diga ni haga nada, transmiten información y hacen referencia a la imagen física que esta persona proyecta.

Es fundamental que el formador transmita una imagen positiva para los alumnos. Se debe cuidar el aspecto externo y los artefactos que se usen, como los adornos y prendas de vestir. La manera adecuada de vestir depende de la situación y siempre debe estar en consonancia con lo que cada colectivo de alumnos espera del formador.

Ejemplo

Sería negativo vestir pieles para impartir un curso cuyo objetivo fuese desarrollar actitudes positivas hacia la protección del medio ambiente.

En cualquier caso, se debe llevar ropa que resulte cómoda, bien cuidada y no demasiado llamativa. A los adornos y al peinado se aplican las mismas reglas que al vestido.

Importante

Un objetivo fundamental del formador es dirigir la atención de los alumnos hacia el contenido que está desarrollando, nunca hacia su persona.

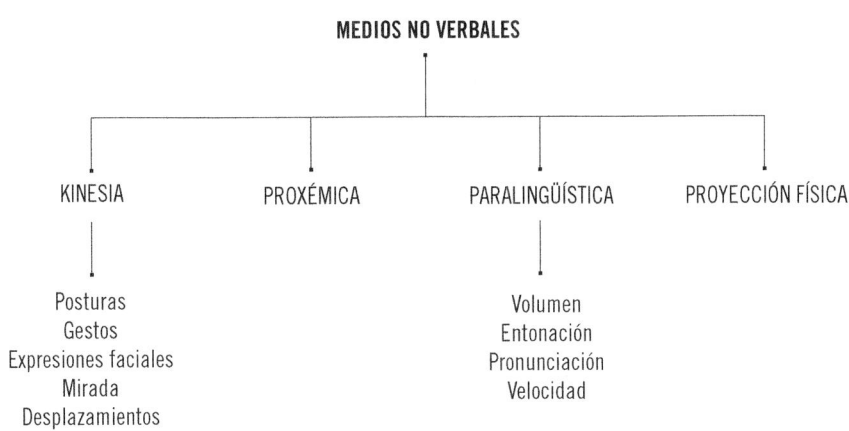

Finalmente, conviene recordar que si el formador observa atentamente la comunicación no verbal que expresan los alumnos, obtendrá una gran cantidad de información.

Hay numerosos signos no verbales que puede mostrar el alumno:

- **Atención:** posturas del cuerpo (inclinado hacia delante, hacia atrás…).
- **Necesidad de hablar:** movimientos sutiles de la boca, de la mano, etc.
- **Irritación:** movimiento de pies, manipulación de objetos sobre la mesa, etc.

- **Concentración:** tomar apuntes, mirar al docente, etc.
- **Cansancio:** cuerpo hundido, suspiros, etc.
- **Inercia:** silencios de todo el grupo, etc.
- **Desinterés:** cerrar el cuaderno, bostezar, mirar al vacío, etc.
- **Sorpresa:** levantar los brazos, abrir la boca, levantar las cejas, abrir los ojos, etc.

Si se observan estos elementos de forma atenta, se podrá obtener información sobre la comprensión del mensaje y el estado emocional de los alumnos, lo que será de gran utilidad para el formador durante el curso.

La comunicación no verbal aporta información al formador sobre los alumnos

5. Técnicas de secuenciación de contenidos

Una vez seleccionados los contenidos, hay que ordenarlos secuencialmente. La **secuenciación y estructuración de los contenidos** es el proceso que permite situarlos en una configuración que produce el máximo aprendizaje en el mínimo tiempo posible.

Algunas de las técnicas para la secuenciación de contenidos son las siguientes:

- Que los contenidos estén de acuerdo con los objetivos propuestos y con los plazos previstos para conseguirlos.

- Empezar por los contenidos más próximos y significativos para el alumno, para llegar poco a poco a lo desconocido. De esta manera, resultará más fácil introducir los nuevos contenidos.
- Ir de lo inmediato a lo remoto.
- Ir de lo concreto a lo abstracto.
- Ir de lo más fácil a lo más difícil. Esto motiva al alumnado porque le va mostrando los avances de manera rápida.

Las principales ventajas que este proceso conlleva son:

- Ayuda al participante a pasar de un conocimiento o habilidad a otro.
- Garantiza que los conocimientos y habilidades previas son alcanzados antes de introducir elementos nuevos.
- Reduce el tiempo de formación.
- Evita la confusión y los fallos en el participante.

Estos puntos son los principales aspectos a tener en cuenta cuando se realiza la presente fase de la programación de la formación, es decir, cuando se fijan los contenidos de la formación.

6. La selección y planificación de estrategias didácticas

Las personas que realizan un curso de formación son diversas, por ello es muy importante que las estrategias didácticas se adapten, de la mejor forma posible, al contexto y permitan una flexibilidad.

 Definición

Estrategias didácticas
Son procedimientos que el formador emplea para facilitar el aprendizaje, con la intención de que éste sea significativo.

Tras la selección y estructuración de contenidos, llega el momento de decidir la modalidad de formación a seguir y la metodología a utilizar en su impartición. Pero esta decisión no se puede tomar arbitrariamente, sino que ha de basarse en unos criterios. Los criterios de decisión básicos para determinar qué estrategia y qué método de formación es el adecuado, son:

- La compatibilidad con los objetivos.
- Los principios generales del aprendizaje del adulto: individualización, motivación, utilidad, practicidad, intereses, etc.
- Los principios de rigor, realismo y participación.
- El carácter eminentemente aplicativo de los aprendizajes.
- La posibilidad de transferir los aprendizajes al puesto de trabajo.
- Los recursos disponibles, incluido el tiempo.
- Los factores relacionados con los participantes, como el estilo de aprendizaje, la edad, el tamaño del grupo, la motivación, etc.

Una vez escogido el método, se observa que ninguno es químicamente puro, sino que unos participan de otros. Por lo demás, todo método puede ser adecuado o inadecuado dependiendo del modo en que sea empleado.

Los formadores deben utilizar los métodos flexiblemente, de la forma que mejor se adapten al estilo de formación, a la materia y a los alumnos, complementando cada método con la técnica y recurso didáctico más acorde.

7. La selección y planificación de medios y recursos didácticos

Para realizar cualquier acción formativa, hace falta algo más que elegir y aplicar unos métodos y unas técnicas. Son necesarios los medios y recursos didácticos, que van a ayudar a desarrollar la metodología seleccionada en el aula. Los medios y recursos didácticos permiten el trasvase de información formador-alumno.

 Definición

Medios didácticos
Son materiales elaborados para facilitar los procesos de enseñanza-aprendizaje.

Recursos didácticos
Son soportes mediante los cuales se presentan los contenidos del curso a los alumnos.

A la hora de escoger el medio o recurso a utilizar, se deben tener en cuenta los siguientes criterios:

- **Características de la materia o tema.** Dependiendo de la naturaleza de los contenidos, éstos pueden ser transmitidos por unos u otros métodos.
- **Los objetivos del curso.** Toda selección de medios y estrategias de enseñanza deben realizarse en función de éstos.
- **La disposición del aula y el número de alumnos.** Hay que tener cuidado, sobre todo en la visibilidad de alguno de los recursos, porque pueden perder eficacia.
- **Tiempo disponible para la formación.** Este elemento tiene que estar siempre presente, porque, en función del tiempo que se tenga, se elegirá lo que se adapte mejor a las necesidades.
- **Recursos disponibles,** ya que en algunas ocasiones están a nuestro alcance.
- **El uso que se haga de ellos,** cuál es la finalidad, qué es lo que se pretende y en qué momento se van a utilizar.
- **El nivel de conocimiento de los alumnos** sobre el tema.

Todos estos puntos se han de tener en cuenta a la hora de escoger un medio o recurso didáctico. La finalidad de éstos no es otra que la de fundamentar, apoyar y reforzar el acto formativo.

8. La planificación de la evaluación del proceso de enseñanza-aprendizaje

La aplicación de programas de formación lleva a la obtención de unos determinados resultados. Éstos serán los frutos de la formación y mostrarán el grado de eficacia y eficiencia con que se lleva a cabo la función formativa.

Los resultados indican el éxito de la formación mediante su contraste con los objetivos fijados anteriormente. Este procedimiento recibe el nombre de **evaluación,** proceso ampliamente conocido y con trascendencia reconocida para la formación. Según el proceso de evaluación aplicado, los resultados obtenidos serán reales y fiables, o bien, falseados.

Para que los resultados de la evaluación muestren con certeza el grado de éxito alcanzado con la formación, es necesario un requisito previo: el establecimiento de criterios de evaluación durante el proceso de planificación de la formación. Los criterios actúan como puntos de referencia, a partir de los cuales se valoran los resultados obtenidos.

Los criterios de evaluación han de fijarse con mucha atención, ya que determinan el proceso de evaluación, y éste juzga el grado de éxito de la función formativa.

El primer aspecto a tener en cuenta es la validez: los criterios de evaluación han de ser válidos en relación a los elementos del proceso formativo.

Los aspectos que determinan el grado de validez de los criterios de evaluación son:

- La relevancia.
- La no deficiencia.
- La no contaminación.
- Su fiabilidad.

El establecimiento de criterios válidos y fiables permitirá elaborar un proceso de evaluación de la formación que mida rigurosamente la eficacia y la eficiencia de la función formativa.

9. El seguimiento formativo

El seguimiento es un proceso continuo que sirve para evaluar la eficacia del uso de los recursos y para saber qué iniciativas se pueden emprender para mejorar el aprovechamiento de los recursos formativos.

El seguimiento, además de realizarse después de haber finalizado la planificación formativa, también se realiza antes de la acción.

9.1. Características

El seguimiento formativo permite evaluar los distintos componentes (desde los alumnos hasta todos los elementos que forman la programación) que intervienen en él durante todo el proceso de formación.

El seguimiento formativo se diferencia de la evaluación en que éste tiene que ver más con tareas organizativas, de coordinación, administrativas, etc.; sin embargo, la evaluación valora aspectos de los procesos de formación, como pueden ser la comunicación, el aprendizaje de los nuevos conocimientos, etc.

Con la realización adecuada de un seguimiento formativo:

- Se pueden **descubrir errores o desajustes** en el proceso de enseñanza-aprendizaje antes de que se realice la evaluación final para comprobarlos.
- Se pueden **corregir los errores** en el momento en el que se están produciendo.
- Además, **se detectan los aspectos positivos** que tienen lugar a lo largo de todo el proceso y las **posibles mejoras** que se pueden realizar.

El seguimiento formativo tiene que ser realizado por todas las personas que están implicadas en la realización de los cursos de formación (tutores, coordinadores, técnicos, etc.), por ello, el formador es una figura importante en el proceso de formación, ya que se encuentra implicado en él.

El proceso de formación debe estar planificado, pensado y planteado antes de que empiece la acción de formación, nunca debe llevarse a cabo de manera cerrada, sino que tiene que estar abierto a cualquier cambio que se considere necesario.

9.2. Finalidad

Son varias las finalidades que persigue el seguimiento formativo:

- Ayudar a comprender por qué ocurren algunas cosas y qué se puede hacer para intervenir en ese proceso que se está llevando a cabo.
- Identificar y solucionar los problemas que surgen a lo largo del proceso.
- Contribuir para elaborar planes de formación de manera objetiva, sin desviarse de la finalidad éste.
- Colaborar en la disminución y control del uso de los recursos materiales.
- Determinar el nivel que puede alcanzar el rendimiento y relacionarlo con el rendimiento actual.
- Diagnosticar y detectar problemas para llevar a cabo las acciones correctivas pertinentes.

9.3. Planificación

El seguimiento formativo debe planificarse antes y durante la acción formativa.

El objetivo de este seguimiento es comprobar la eficacia de la acción formativa antes de que ésta llegue a su fin, es decir, es necesario que durante este proceso todos los elementos que van a formar parte del aprendizaje estén planificados.

Los dos momentos que hay que tener en cuenta para planificar el seguimiento formativo son:

- **Antes de la acción formativa:** es necesario conocer las necesidades, el perfil del alumno, qué materiales, instrumentos, recursos, medios didácticos se van a usar.

■ **Durante la acción formativa:** aquí el seguimiento se utiliza para comprobar los posibles errores y mejoras que se pueden llevar a cabo. Ofrece la posibilidad de poder modificar aquellas acciones o medios que dificultan el avance del aprendizaje.

10. Instrumentos para el seguimiento

A lo largo de un ciclo formativo pueden suceder errores y surgir problemas, esto abarca desde la identificación de necesidades hasta la planificación, el diseño, la implantación y la evaluación. Por todo esto, es importante saber cuál es la causa del problema y saber tomar las medidas oportunas para que no se origine nuevamente.

Para detectar el origen del problema, siempre se necesita una información determinada, ésta sólo se puede obtener mediante técnicas que ayuden a obtenerlas, es decir, que permitan recabar y analizar los datos obtenidos.

Para el seguimiento del proceso de enseñanza-aprendizaje, se pueden confeccionar diferentes tipos de instrumentos de evaluación, como pueden ser los cuestionarios y utilizar la observación directa, etc., si el tipo de formación lo permite (presencial o semipresencial). Estos instrumentos variarán según el tipo de datos que se quiera conseguir.

Un ejemplo de plantilla para recoger y analizar la información podría ser esta:

CURSO:		1º Módulo	2º Módulo	3ºMódulo
	Suficiente			
	Insuficiente			
Objetivos del módulo	Adecuado			
	Inadecuado			

Continúa en página siguiente >>

<< Viene de página anterior

CURSO:		1º Módulo	2º Módulo	3ºMódulo
Contenidos del módulo	Suficiente			
	Insuficiente			
	Adecuado			
	Inadecuado			
Metodología	Suficiente			
	Insuficiente			
	Adecuado			
	Inadecuado			
Actividades y recursos	Suficiente			
	Insuficiente			
	Adecuado			
	Inadecuado			
Recursos materiales	Suficiente			
	Insuficiente			
	Adecuado			
	Inadecuado			
Recursos humanos	Suficiente			
	Insuficiente			
	Adecuado			
	Inadecuado			
Proceso de evaluación	Suficiente			
	Insuficiente			
	Adecuado			
	Inadecuado			
Nivel de satisfacción del alumnado	Suficiente			
	Insuficiente			
	Adecuado			
	Inadecuado			

Para el seguimiento del aprendizaje, como la información que se obtiene es de diferente índole, se recogerá mediante la aplicación de las técnicas seleccionadas y elaboradas para la evaluación de cada uno de los aspectos planteados (observación directa de los trabajos, participación, cuestionarios acerca de la motivación y satisfacción del alumnado, etc.).

Por ejemplo, los contenidos que se podrían incluir en la "parrilla" de análisis son los siguientes:

CURSO		1er Módulo	2º Módulo	3er Módulo
Conceptos (comprende los contenidos conceptuales)	Con facilidad			
	Con normalidad			
	Con dificultad			
Procedimientos (aplica y desarrolla los contenidos procedimentales)	Con facilidad			
	Con normalidad			
	Con dificultad			
Actitudes (manifiesta las actitudes adecuadas a los contenidos)	Con facilidad			
	Con normalidad			
	Con dificultad			
Motivación y participación	Con facilidad			
	Con normalidad			
	Con dificultad			
Satisfacción del alumno	Con facilidad			
	Con normalidad			
	Con dificultad			

Dos de las herramientas básicas son:

- **Los diagramas de flujo:** éstos sirven para desglosar en forma de componentes, para presentar una clara imagen de lo que ocurre.
- **Los checklists:** éstos son especialmente útiles para garantizar que se han realizado todas las acciones necesarias. Es otro método de ayuda orientado a los formadores y participantes para preparar, utilizar y solucionar los problemas del equipamiento.

Otros métodos de seguimiento y control que pueden ayudar en la formación son:

- Las reuniones formales e informales.
- Pasar un informe de las sesiones, cuestionarios de satisfacción o formularios de evaluación del curso.
- Entrevistas de evaluación.

 Recuerde

Algunos de los instrumentos de seguimiento más utilizados son:

I Cuestionario de satisfacción
I Cuestionario de motivación
I Observación directa
I Reuniones formales e informales
I Entrevistas de evaluación

11. Metodología de la evaluación del diseño de formación

Los métodos empleados en la evaluación siempre suelen son los mismos, independientemente de que se evalúen los objetivos, los contenidos, los recursos, etc. A pesar de esto, hay que tener en cuenta que no se deben utilizar todos los métodos que se van a nombrar, sino que todo dependerá de lo que se esté evaluando.

Los métodos más frecuentes son:

- Observación sistemática.
- Observación mediante observadores externos o internos del grupo.
- Análisis de trabajo.
- Entrevistas personales.
- Situaciones de simulaciones.

- Diálogos, debates.
- Cuestionarios específicos.
- Inventarios.
- Grabaciones en vídeo.
- Etc.

11.1. Evaluación de los objetivos

Cuando se diseña el programa formativo, se deben concretar los objetivos que serán objeto de evaluación al finalizar el curso, para comprobar si éstos se han alcanzado o no.

Los objetivos marcan aquellos aspectos claves que debe adquirir el alumno para alcanzar unas competencias determinadas. Éstos determinarán lo que el alumno será capaz de saber y saber hacer al acabar el curso, en unas condiciones dadas y con unos medios determinados.

Si, al finalizar el curso, se observa que los objetivos no se han cumplido en su totalidad, hay que analizar cuál ha sido la causa de este error y corregirlos. Si se han cumplido los objetivos, habrá que determinar los motivos de éxito, para volver a ponerlos en práctica en futuros cursos.

Los objetivos marcados al inicio de la formación sirven para:

- Dirigir la formación, es decir, saber hacia dónde se quiere llegar con ésta.
- Comprobar qué se ha logrado.
- Facilitar la evaluación, ya que se sabe cuáles son los objetivos que hay que evaluar.
- Reorientar la formación en el mismo momento que se está realizando.
- Elegir los métodos más adecuados para la formación.

La evaluación de los objetivos debe medirse atendiendo a:

- **Objetivos generales:** son utilizados para saber cuáles son las competencias generales.
- **Objetivos específicos:** parten de los objetivos generales.

■ **Objetivos operativos:** son derivados de los específicos. Son objetivos más concretos y siempre deben estar relacionados con actividades u operaciones determinadas. Son los más fáciles de medir.

Ejemplo

Objetivos específicos para evaluar un curso de primeros auxilios:

ı Aprender los conceptos básicos y generales de los primeros auxilios.
ı Adquirir las habilidades y aplicar los principios de actuación para poder reaccionar adecuadamente en situaciones de urgencia.
ı Conocer los aspectos jurídicos relacionados.

11.2. Evaluación de los contenidos

La evaluación de los contenidos se realizará para comprobar si los objetivos que se habían marcado al principio de la formación se han logrado, así como para eliminar aquellos contenidos que no aportan nada al curso.

Se debe tener siempre en cuenta que se puede lograr un mismo objetivo de formación utilizando diversos contenidos.

Para evaluar los contenidos, hay que comprobar si se ha seguido una secuencia lógica a la hora de impartirlos. Esta secuencia permite que los contenidos sean adquiridos por los alumnos de una manera más significativa, es decir, facilita el aprendizaje de los mismos.

Para que la evaluación de los contenidos resulte positiva, éstos deben ir expuestos:

■ De acuerdo con los objetivos propuestos y con los plazos previstos para conseguirlos.
■ De lo conocido a lo desconocido.

- De lo inmediato a lo remoto.
- De lo concreto a lo abstracto.
- De lo fácil a lo difícil.

Otro aspecto a tener en cuenta para que la evaluación de los contenidos sea positiva, es que éstos se deben estructurar adecuadamente, por ejemplo, mediante módulos, unidades didácticas, etc. Éstas tienen que abarcar los conocimientos, las habilidades y las actitudes que capacitan al alumno para poner en práctica las funciones que desempeñará en su puesto de trabajo. Por lo general, se pueden constituir equivalencias entre objetivos generales y cursos, objetivos específicos y módulos, unidades didácticas, etc. así como entre objetivos operativos y sesión formativa,.

 Ejemplo

Siguiendo el ejemplo anterior de primeros auxilios, los contenidos que se evaluarán para comprobar si se han logrado o no los objetivos anteriormente propuestos, son:

- Primeros auxilios: conceptos generales.
- Soporte vital básico (reanimación cardio-pulmonar)-adultos.
- Soporte vital básico-niños.
- Soporte vital instrumental.
- Traumatismos osteoarticulares. Inmovilizaciones (vendajes y férulas improvisadas).
- Movilización de urgencia y posiciones de espera.
- Traumatismos craneales y vertebro-medulares.
- Otras situaciones de emergencia.

11.3. Evaluación de la metodología

La evaluación de la metodología consiste en comprobar que los métodos que se han utilizado son los adecuados para lograr los objetivos formativos, aunque éstos deben ser flexibles a la hora de utilizarlos, ya que deben adaptarse a la materia tratada, a los alumnos, a los recursos disponibles, etc.

Para conseguir que la evaluación de la metodología sea positiva, se deben tener en cuenta las características que se emplean para definir un método. Éstas pueden ser:

- Presentar y mostrar la problemática del tema para que, a través de la reflexión y el esfuerzo, el alumno pueda resolverla.
- Respetar tanto la libertad de expresión como de creación.
- Las actividades que están destinadas al alumno tienen que ser dirigidas por el formador para que el alumno reflexione y participe.
- Motivar al alumno, relacionando los temas con sus intereses, motivaciones y necesidades.
- Organizar los nuevos aprendizajes para que se integren con los ya adquiridos.
- Tener en cuenta las limitaciones y las posibilidades que tiene cada alumno.
- Dar lugar a la acción individualizada a través de tareas que requieran planteamientos y acciones individualizadas.

11.4. Evaluación de actividades y recursos

Las **actividades** son unos elementos que acompañan a los contenidos formativos, ya que éstas refuerzan los contenidos que son expuestos por el formador. Siempre debe existir coordinación entre ambos, para esto se deben seleccionar adecuadamente tanto los métodos como las técnicas.

Para evaluar las diversas actividades que se han desarrollado, hay que formular una serie de preguntas para saber si las actividades han sido eficaces o han fallado en su ejecución. Algunas de estas preguntas pueden ser:

- ¿Qué ha hecho el alumno?
- ¿Ha sabido aplicar los conocimientos necesarios para lograr resolver las actividades?
- ¿Valora y comprende la finalidad de la actividad?
- ¿Ha mostrado interés en la realización de la misma?
- ¿Qué ha aprendido?
- ¿Han sido válidas las actividades?

- ¿Cuáles han fallado? ¿Por qué?
- ¿Se han alcanzado los objetivos?
- Etc.

Junto con las actividades, los recursos también tienen que ser evaluados, ya que de ellos va a depender en cierta manera la eficacia de las actividades. Por eso, en la evaluación de los recursos hay que tener en cuenta la eficacia de aquellos que se han utilizado y cuáles son los que se hubieran necesitado para desarrollar el curso.

Se pueden distinguir varios criterios para evaluar la eficacia de los recursos:

- Su calidad, porque actúa como mediador entre la realidad y la estructura cognitiva del alumno.
- El contexto metodológico, ya que todo va a depender de la metodología usada por el formador.
- Los propios alumnos, sus motivaciones, intereses, etc.
- La experiencia del formador en el manejo de los diversos recursos, sus habilidades, etc.

También es necesario tener en cuenta qué evaluar de los recursos:

- La rentabilidad de éstos.
- El aprovechamiento para distintas finalidades.
- El mantenimiento.
- La actualización, deben adaptarse a las nuevas tecnologías.
- La adecuación al proceso de enseñanza-aprendizaje.
- Posibilitar la acción, estimular y responder a las curiosidades presentes en el alumnado.

11.5. Evaluación del formador

La figura del formador es muy importante a lo largo de todo el proceso formativo, ya que, en cierta manera, el éxito o el fracaso de la formación recae sobre él, por lo tanto, es imprescindible conocer previamente a la persona que va a impartir un curso.

El formador es el mediador entre los contenidos y los alumnos, por lo que debe evaluarse de forma continua y a lo largo de todo el proceso de enseñanza-aprendizaje, así como al final del proceso, momento en que se comprobará si los métodos y estrategias que ha diseñado y utilizado han sido los adecuados, introduciendo posibles modificaciones para las prácticas futuras.

La evaluación del formador se puede realizar desde varias vertientes, en cada una de ellas se evalúan aspectos diferentes, pero todas persiguen el mismo fin, que es fomentar la calidad de la formación.

Evaluación realizada por los alumnos

Los alumnos pueden evaluar aspectos como la relación del formador con los alumnos, la organización de las sesiones, el control de clase, la efectividad de la enseñanza, etc.

En la siguiente tabla se muestra un cuestionario a modo de ejemplo:

Marque la opción que más se adecúe a las características que prevalecieron a lo largo del curso

---

1. Las oportunidades que tuve para realizar preguntas en clase fueron:
   a. Frecuentes
   b. Regulares
   c. Escasas
   d. Muy escasas

---

2. El interés que mostró el formador respecto a los alumnos fue:
   a. Satisfactorio
   b. Regular
   c. Poco
   d. Muy pobre

---

3. El clima existente en el aula fue:
   a. Bueno
   b. Regular
   c. Tenso
   d. Malo

Continúa en página siguiente >>

<< Viene de página anterior

Marque la opción que más se adecúe a las características
que prevalecieron a lo largo del curso

4. En la prueba final se evaluaban los contenidos dados a lo largo del curso:
   a. Sí
   b. No

5. El material presentado en el curso fue:
   a. Original
   b. Poco original
   c. Nada original

6. Las actividades que realicé para asimilar los contenidos fueron:
   a. Útiles
   b. Regulares
   c. Pobres
   d. Inútiles

7. El contenido marcado para el curso se expuso en su totalidad:
   a. Sí
   b. No

8. El grupo de alumnos afectó a mi aprendizaje:
   a. De manera positiva
   b. De manera negativa
   c. No me afectó

9. El material audiovisual me pareció:
   a. Atractivo
   b. Regular
   c. Inadecuado

10. Los procesos, problemas y soluciones experimentados en el trabajo en grupo fueron:
   a. Bien planteados
   b. Regular planteados
   c. Mal planteados

11. Las exposiciones por parte del docente me parecieron:
   a. Buenas
   b. Regulares
   c. Malas

Continúa en página siguiente >>

<< Viene de página anterior

**Marque la opción que más se adecúe a las características
que prevalecieron a lo largo del curso**

---

12. La actuación del profesor durante el curso evidenció:
   a. Un elevado conocimiento de la materia
   b. Un mediano conocimiento
   c. Un escaso conocimiento

---

13. El profesor supo controlar las conductas perturbadoras sucedidas a lo largo
del curso de forma:
   a. Eficaz
   b. Regular
   c. Ineficaz

---

14. El ritmo que siguió el profesor al exponer los contenidos me pareció:
   a. Muy bueno
   b. Satisfactorio
   c. Monótono

---

15. La secuencia de presentación de los contenidos del curso fue:
   a. Lógica
   b. Regular
   c. Arbitraria

---

16. La actuación del profesor despertó interés y motivación:
   a. Muchas veces
   b. Algunas veces
   c. Pocas veces
   d. Ninguna vez

Evaluación realizada por el propio formador

En esta evaluación, el formador va a evaluar la preparación del curso, el desarrollo del mismo, y también realizará una evaluación propia de su actuación como formador.

En la siguiente tabla se muestra un cuestionario a modo de ejemplo:

Marque la opción que más se adecúe a las características que prevalecieron a lo largo del curso

A. PREPARACIÓN DEL CURSO

1. ¿Cómo ha sido el tiempo con el que ha contado?
   a. Suficiente
   b. Insuficiente

¿Por qué? _____

2. ¿Cómo considera la distribución de las sesiones del curso?
   a. Adecuadas
   b. Inadecuadas

¿Por qué? _____

3. ¿Ha dispuesto de las guías didácticas del curso?
   a. Sí
   b. No

¿Por qué? _____

4. ¿Ha dispuesto de los recursos necesarios para la preparación de sus sesiones?
   a. Sí
   b. No

¿Cuáles le han hecho falta? _____

5. Teniendo en cuenta su nivel de formación, ¿ha necesitado apoyo por parte de la dirección del curso?
   a. Sí
   b. No

¿Cómo ha sido el apoyo? _____

B. DESARROLLO DEL CURSO

6. ¿El desarrollo de las sesiones (distribución y tiempo) se ha correspondido con la planificación prevista?
   a. Sí
   b. No

7. ¿La metodología utilizada para el desarrollo de las sesiones ha propiciado la participación e implicación del alumnado?
   a. Sí
   b. No

¿Por qué? _____

Continúa en página siguiente >>

<< Viene de página anterior

Marque la opción que más se adecúe a las características que prevalecieron a lo largo de curso

---

8. ¿Considera que el clima del curso ha sido el adecuado?
   - a. Sí
   - b. No

¿Por qué? _____

9. ¿El contexto donde se ha desarrollado el curso ha sido adecuado y oportuno?
   - a. Sí
   - b. No

¿Por qué? _____

10. ¿Ha conseguido los objetivos propuestos?
   - a. Sí
   - b. No

¿Por qué? _____

C. AUTOEVALUACIÓN

11. Evalúe de 1 a 4 los siguientes apartados relacionados con su intervención como formador, donde:

   1. Considero imprescindible mejorar mi formación en este aspecto.
   2. Considero necesario mejorar mi formación en este aspecto.
   3. Cuento con recursos necesarios para el desarrollo ajustado del curso, pero podría encontrar dificultades si éste cambia el rumbo prefijado.
   4. Mi formación al respecto es adecuada y dispongo de recursos suficientes para el desarrollo óptimo del curso.

	1	2	3	4
Dominio de los contenidos				
Metodología/didáctica empleada				
Comunicación con el alumnado				
Trabajo en equipo				

D. AMPLIACIÓN

Puede anotar a continuación cualquier aportación que desee realizar y no haya sido considerada en este cuestionario.

_____

_____

11.6. Tipos de evaluación

Existen diferentes tipos de evaluación, cada una se aplicará atendiendo a diferentes criterios.

Según su finalidad o función de la evaluación

Diagnóstica

Esta evaluación, como su nombre indica, tiene un carácter diagnóstico, ya que permite que se conozcan las potencialidades del alumno. De esta manera, la actividad didáctica se dirige de forma más efectiva.

Formativa

Se utiliza como estrategia para mejorar y ajustar los procesos formativos en el momento que se están llevando a cabo, para alcanzar las metas y los objetivos marcados. La evaluación formativa es aplicable a la evaluación de procesos.

Sumativa

Se aplica a la evaluación de productos terminados, es decir, se sitúa concretamente cuando finaliza un proceso, cuando éste se considera acabado. Su propósito es determinar el grado en que se han conseguido los objetivos establecidos, para evaluar de forma positiva o negativa el resultado. Esta evaluación permite tomar medidas tanto a medio como a largo plazo.

Según el momento de aplicación de la evaluación

Inicial

Se produce al principio del proceso de enseñanza-aprendizaje. La función que tiene la evaluación inicial es identificar el nivel de conocimientos que tienen los alumnos que inician un curso y, de esta manera, comprobar si los alumnos cuentan con los conocimientos necesarios para comenzarlo, y determinar si es posible impartirlo de acuerdo al programa formativo o si se requiere alguna modificación.

Procesual

La evaluación procesual se basa en valorar, de forma continua, el aprendizaje de los alumnos y la enseñanza del profesor, a través de la recogida sistemática de datos, toma de decisiones, etc.

La evaluación procesual es totalmente formativa, ya que, al favorecer la recogida continua de datos, permite tomar decisiones en el mismo momento que se considere necesario.

Los resultados que se obtienen forman la base permanente para el formador a la hora de programar las actividades diarias, así como para establecer las actividades y los procedimientos más apropiados. De esta manera, se evitan las dificultades que se puedan producir en los aprendizajes que se están llevando a cabo. La finalidad de todo esto es evitar errores y vacíos en los aprendizajes posteriores.

Final

La evaluación final es aquella que se realiza al finalizar la formación, por lo tanto ésta recoge y valora los resultados obtenidos a lo largo de un periodo formativo.

Según su extensión

Global

Tiene en cuenta todos los elementos y procesos que guardan relación con todo lo que es objeto de evaluación. Por ejemplo, si se trata de evaluar el proceso de aprendizaje de los alumnos, esta evaluación se centra en todas las áreas en general, pero sobre todo en los diversos tipos de contenidos de enseñanza (conceptos, procedimientos, valores, normas, etc.).

Parcial

Esta evaluación no se realiza de manera global, sino que se lleva a cabo por partes, es decir, evalúa los componentes que más interesan.

Según los agentes que realizan la evaluación

Autoevaluación o evaluación interna

Es el proceso sistemático mediante el cual una persona o grupo examina y valora sus procedimientos, comportamientos y resultados, para identificar qué quiere corregir o modificar en él. La evaluación interna muestra que los alumnos están más motivados a la hora de realizar una tarea difícil. La puesta en práctica de la autoevaluación no conlleva que el profesorado abandone sus funciones, sino que implica una concepción diferente de la enseñanza.

La autoevaluación ofrece al estudiante ayuda para descubrir sus necesidades, cantidad y calidad de su aprendizaje, causas de sus problemas, dificultades y éxitos en el estudio. De esta manera, el alumno puede conocerse de manera más concreta.

Heteroevaluación o evaluación externa

La evaluación externa es realizada o llevada a cabo por otra persona que no es el protagonista del aprendizaje. En esta evaluación, lo más frecuente es que el profesor evalúe al alumno.

TIPOS DE EVALUACIÓN	
Según su finalidad o función	- Diagnóstica - Formativa - Sumativa

Continúa en página siguiente >>

<< Viene de página anterior

TIPOS DE EVALUACIÓN

Según su momento de aplicación	- Inicial - Procesual - Final
Según su extensión	- Global - Parcial
Según los agentes que la realizan	- Autoevaluación o evaluación interna - Heteroevaluación o evaluación externa

Solucionarios de ejercicios de repaso y autoevaluación

Contenido

Solucionario 1

Elaboración de documentos web mediante lenguajes de marcas

Solucionario Capítulo 1

1. **Defina brevemente el concepto de diseño web.**

   El diseño web se puede definir como aquella tarea destinada a la planificación, el diseño y la implementación de páginas y sitios web.

2. **El diseño web se puede dividir en dos partes fundamentales. Estas son:**

   a. **Funcionalidad y aspecto.**
   b. Implementación en HTML y desarrollo CSS.
   c. Usabilidad y funcionalidad.
   d. Todas las opciones son incorrectas.

3. **Complete el siguiente texto.**

   Un aspecto muy importante a tener en cuenta en el desarrollo de cualquier página web es que el **diseño** debe ser acorde con el **contenido** de la página en cuestión, es decir, con la **información** que el usuario espera **obtener** de ella.

4. **Explique el concepto de balance en el diseño de una página web.**

   Se conoce como balance al equilibrio que debe haber entre los distintos elementos que constituyen la web. Por ejemplo: las imágenes y el texto, los elementos grandes y pequeños, las zonas oscuras y claras, etc., deben estar balanceadas de manera que la web resulte atractiva y, a su vez, consiga llamar la atención del visitante sobre aquellos contenidos en los que interese que lo haga.

5. **Explique en qué consiste el diseño web orientado al usuario.**

   El diseño web centrado en el usuario se caracteriza por asumir que todo el proceso de diseñar y desarrollar la correspondiente página web debe estar conducido por el usuario, lo que significa que para dicho diseño se deben tener muy en cuenta las necesidades, características y objetivos que este desea alcanzar.

6. **El diseño web orientado a la implementación consiste en centrar el diseño de la página en...**

    a. ... la experiencia del usuario.
    b. ... los objetivos que se desean alcanzar.
    c. **... las posibilidades tecnológicas disponibles y que el desarrollador sea capaz de implementar.**
    d. ... el atractivo gráfico.

7. **Complete el siguiente texto.**

Una vez que se dispone de la información que se alojará en la página, se hace necesario **organizarla** adecuadamente. En este punto, es muy importante establecer un equilibrio entre la **linealidad** y la **jerarquización**.

8. **Una vez definida la estructura y navegabilidad del sitio web, el desarrollador ya puede empezar a...**

    a. ... recolectar información.
    b. ... estructurar el contenido.
    c. **... programarla.**
    d. Las opciones b y c son correctas.

9. **Enumere las distintas partes en las que se suele estructurar un documento web.**

- Cabecera *(header)*.
- Cuerpo *(body)*.
- Pie de página *(footer)*.

10. **Complete la siguiente frase.**

La **cabecera** se encuentra ubicada en la parte superior de la página web y, por lo general, contiene información relacionada con la **temática** del sitio.

11. ¿Qué contenido se suele incluir en el footer de una página web?

Por lo general, en el pie de página se puede encontrar información de contacto, menús que direccionan a las secciones más relevantes, *links* a otras páginas externas y, en general, contenido complementario relacionado con el tema de la página.

12. Respecto al número imágenes de una página web, es necesario...

  a. ... que sean muy numerosas.
  b. ... que sean poco habituales.
  c. ... que se mantenga un equilibrio.
  d. ... que sean poco numerosas pero de grandes dimensiones.

13. Explique en qué consiste el proceso de testeo de una página web, como última etapa en el diseño de la misma.

En la última etapa del diseño de una página web, se hace imprescindible revisar: la coherencia general del sitio, que no existan enlaces que no direccionen a ninguna parte (*links* rotos), la redacción y ortografía de todos los textos, subdividir aquellas páginas que tengan demasiado contenido (para separarlo en dos o más páginas), etc.

14. Nombre algunos de los navegadores más usados en la actualidad.

- *Microsoft Edge.*
- *Mozilla Firefox.*
- *Google Chrome.*
- *Safari.*
- *Opera.*

Solucionario Capítulo 2

1. Complete el siguiente texto.

Los lenguajes de marcado o lenguajes de marcas se pueden definir como una **manera de codificar** documentos donde, junto con el texto, se establecen etiquetas, marcas o anotaciones que contienen **información** relacionada con la **estructura** de dicho texto, su forma de visualización, etc.

2. ¿Cuál de los siguientes lenguajes de marcas es más antiguo?

    a. GML
    b. SGML
    c. XML
    d. HTML

3. De las siguientes afirmaciones, diga cuál es verdadera o falsa.

    a. El lenguaje SGML fue creado a partir de GML.

        ☑ **Verdadero**
        ☐ Falso

    b. SGML almacena el diseño y la estructura lógica de los documentos.

        ☐ Verdadero
        ☑ **Falso**

    c. El W3C *(World Wide Web Consortium)* tiene la misión de desarrollar lenguajes y estándares para la WWW.

        ☑ **Verdadero**
        ☐ Falso

4. ¿Qué es XML?

XML es un metalenguaje que sirve como estándar para el intercambio de información estructurada entre diferentes plataformas. Este metalenguaje presenta una amplia variedad de aplicaciones, como pueden ser: editores de texto, hojas de cálculo, bases de datos, etc.

5. Indique las diferencias fundamentales que existen entre HTML y XML.

Existe una diferencia fundamental entre HTML y XML: en XML no existen elementos predefinidos, es decir, el desarrollador puede crear, siguiendo ciertas reglas, su propio lenguaje y vocabulario para el formateo de la información contenida en los documentos.

Otra diferencia importante que existe entre HTML y XML es que este último es totalmente estructural, es decir, los documentos escritos en XML no incluyen ninguna información relacionada con el aspecto y el diseño de los mismos, almacenando únicamente datos e información estructural.

6. El lenguaje que combina las posibilidades de HTML y la filosofía de XML es:

    a. DHTML
    b. SGML
    c. XHTML
    d. JavaScript

7. Complete el siguiente texto.

Los metadatos consisten en información **complementaria** (metainformación) que se puede incluir dentro de los documentos escritos con lenguaje de marcas (y en otros muchos tipos de archivos), la cual está relacionada con el **documento** en sí.

8. ¿Qué son las etiquetas? ¿Qué tipos existen?

Una etiqueta *(tag)*, también conocida como marca o directiva, es un texto que va encerrado entre el símbolo menor que (<) y el símbolo mayor que (>).

Existen dos tipos fundamentales de etiquetas: las de inicio (como por ejemplo:

<nombre>) y las de fin (como puede ser: </nombre>). Las etiquetas de cierre se escriben igual que las de apertura, pero indicando el signo "/" justo antes del nombre de la etiqueta en cuestión.

Las etiquetas siempre afectan al texto (y otras directivas) que se encuentran dentro de su apertura y cierre.

9. **Identifique las etiquetas, el contenido y los elementos del siguiente código HTML:**

```
<div>Esto es un ejemplo de texto</div>
```

En este código HTML se puede identificar lo siguiente:

: etiqueta de apertura.
: etiqueta de cierre.
Esto es un ejemplo de texto : elemento (div).

Esto es un ejemplo de texto: contenido del elemento div.

10. **El conjunto formado por un nombre y un valor que se localiza dentro de la etiqueta de inicio de un elemento se denomina...**

    a. ... instrucción.
    b. ... propiedad.
    c. ... atributo.
    d. Todas las opciones son incorrectas.

11. **Imagine que desea indicar un comentario en un documento HTML que tenga el siguiente texto: "Esto es el principio de la página." Escriba el código HTML de dicho comentario.**

```
<!-- Esto es el principio de la página-->
```

12. En el lenguaje XML, ¿es lo mismo escribir `<etiqueta>` que `<Etiqueta>`? Razone su respuesta.

No es lo mismo, ya que XML es un lenguaje sensible a mayúsculas.

13. De las siguientes afirmaciones, diga cuál es verdadera o falsa.

a. Para que un documento XML esté bien formado, el valor de los atributos debe ir sin comillas.

  ☑ **Verdadero**
  ☐ Falso

b. En los documentos XML bien formados, los nombres de los elementos pueden empezar con un número.

  ☐ Verdadero
  ☑ **Falso**

c. En los documentos XML bien formados, los nombres de los elementos no pueden nombrarse con espacios.

  ☑ **Verdadero**
  ☐ Falso

14. Complete el siguiente texto.

Un documento XML es considerado **válido** si cumple las limitaciones que le imponga una DTD o un **esquema**.

15. ¿Qué es una DTD?

Una DTD es un documento que está escrito en un lenguaje creado a partir de SGML y, gracias a este, se pueden especificar nombres de elementos concretos y asignarles los atributos que pueden aceptar y sus valores posibles, qué elementos se pueden anidar dentro de ellos y con qué asiduidad pueden (o tienen que) aparecer, etc.

Solucionario Capítulo 3

1. El lenguaje HTML es un leguaje...

   a. ... interpretado.
   b. ... compilado.
   c. ... similar a Java, C++, etc.
   d. Todas las opciones son correctas.

2. **Complete el siguiente texto.**

   La **primera** línea de código que hay que escribir en un documento HTML es `<!DOCTYPE html>`, que consiste en un **comentario** especial que indica al navegador que el documento a interpretar está escrito en **HTML5**.

3. **De las siguientes afirmaciones, diga cuál es verdadera o falsa.**

   a. La directiva `<head>` debe incluirse en cualquier documento escrito en HTML.

   ☑ **Verdadero**
   ☐ Falso

   b. Para definir el juego de caracteres a utilizar en la visualización de un documento web, es necesario utilizar la directiva `<link>`.

   ☐ Verdadero
   ☑ **Falso**

   c. `<aside>` es una directiva nueva en HTML5.

   ☑ **Verdadero**
   ☐ Falso

4. En HTML, los colores pueden expresarse...

    a. ... en RGB.
    b. ... en CMYK.
    c. ... con su denominación en inglés.
    d. Las opciones a y c son correctas.

5. Complete el siguiente texto.

Para establecer importancia en los textos de los documentos web se pueden utilizar las etiquetas de **encabezado**. De estas, la que más importancia establece en el texto es `<h1>`.

6. ¿Qué son los estilos lógicos y físicos? ¿Para qué se utilizan?

Para modificar la apariencia del texto de los documentos web se pueden utilizar los denominados etilos físicos y lógicos. Los estilos físicos son aquellos que producen siempre el mismo efecto (negrita, cursiva, etc.). Por otro lado, los estilos lógicos son aquellos que marcan un tipo de texto determinado (cita, *e-mail*, etc.) y hacen que este se muestre de una manera determinada, según el estilo lógico que corresponda.

7. ¿Cuál de las siguientes etiquetas se utiliza para dar énfasis a los textos de los documentos web?

    a. `<b>`
    b. `<strong>`
    c. `<sub>`
    d. `<em>`

8. ¿En qué se diferencian fundamentalmente los enlaces absolutos y los relativos?

Los enlaces absolutos son aquellos que contienen una dirección completa, incluyendo los nombres del servicio, dominio, ruta, etc. Por otro lado, en los enlaces relativos no se incluye la dirección completa del documento o archivo al que apuntan, sino que omiten la información referida al servicio, maquina.dominio y, probablemente, también la ruta.

9. **Complete el siguiente texto.**

El formato **JPEG** es el más utilizado a la hora de insertar **imágenes** en las páginas web. Esto se debe fundamentalmente a la excelente relación calidad-**tamaño** que presentan los archivos de imagen de este tipo.

10. **Señale la etiqueta que es necesario utilizar cuando se implementan mapas de imágenes en HTML.**

    a. `<map>`.
    b. `<area>`.
    c. `<img>`.
    d. **Todas las opciones son correctas.**

11. **De las siguientes afirmaciones, diga cuál es verdadera o falsa.**

    a. HTML5 recomienda utilizar el atributo background para establecer imágenes de fondo en los documentos web.

       ☐ Verdadero
       ☑ **Falso**

    b. Para crear listas ordenadas es necesario hacer uso de la directiva `<ul>`.

       ☐ Verdadero
       ☑ **Falso**

    c. Las listas no ordenadas no soportan anidamientos.

       ☐ Verdadero
       ☑ **Falso**

12. **Complete el siguiente texto.**

Cuando se inserta una tabla en HTML, el contenido de la misma debe definirse dentro de la etiqueta `<table>`. El orden de construcción de estos elementos se establece de la forma: fila-**celdas** de la fila, es decir, se van definiendo cada una de las filas de la tabla (con la directiva `<tr>`) y dentro de ellas se van insertando las diferentes **celdas** (con la etiqueta `<td>`) que pertenecen a cada una de dichas filas.

13. Señale la directiva que sirve para establecer contenidos que aparecerán cuando se estén utilizando marcos y estos no se puedan visualizar en el navegador.

    a. **`<noframes>`**
    b. `<frameset>`
    c. `<frame>`
    d. `<iframe>`

14. Defina brevemente el concepto de formulario web.

Los formularios son secciones interactivas de una página web que los autores insertan en la misma para permitir que el usuario pueda enviar información al servidor donde esté alojado el sitio.

15. De las etiquetas que se muestran a continuación, señale aquella que sea soportada por la nueva especificación HTML5.

    a. **`<iframe>`**
    b. `<applet>`
    c. `<font>`
    d. `<center>`

Solucionario Capítulo 4

1. ¿En qué consisten las hojas de estilo en cascada?

Las hojas de estilo en cascada son un conjunto de reglas que definen el aspecto de los elementos que forman parte de los documentos web, cuya estructura ha sido definida previamente con HTML.

2. ¿Cómo se pueden insertar estilos CSS en un documento web?

a. Mediante el atributo style.
b. Mediante la etiqueta `<style>`.
c. Mediante un archivo ".css" externo.
d. Todas las opciones son correctas.

3. Complete el siguiente texto.

Una manera de definir estilos CSS en un documento web consiste en incluirlos dentro de la etiqueta **`<style>`**, la cual debe ubicarse dentro de la **cabecera** del documento (**`<head>`**).

4. ¿Qué son los selectores CSS?

Los selectores CSS informan acerca de qué elemento o elementos van a ser los beneficiarios de los estilos que se definen en los mismos.

5. Corrija los errores que detecte en el siguiente fragmento de código CSS.

```
p {
color: abcabc;
text-decoration:underline
{
```

La respuesta correcta sería:

```
p {
color: #abcabc;
text-decoration:underline;
}
```

6. Cuando se desean aplicar estilos CSS a ciertos elementos web que se encuentran ubicados dentro de otros, se utilizan los selectores...

    a. ... de etiquetas.
    b. ... descendentes.
    c. ... de clase.
    d. ... de id.

7. Cuando se escribe un selector de clase, es necesario escribir, justo delante del selector, el carácter...

    a. ... ".".
    b. ... "&".
    c. ... "#".
    d. Todas las opciones son incorrectas.

8. **Complete el siguiente texto.**

Con CSS es posible definir estilos que se apliquen a elementos que tengan asociada una clase determinada y que, a su vez, pertenezcan a un tipo de **elemento** concreto (etiqueta). Para ello, basta con escribir dicha **etiqueta** justo delante del selector de **clase** que corresponda.

9. **¿Para qué se utilizan los selectores id?**

Este tipo de selectores se utilizan para definir estilos únicos que se aplicarán a un elemento web concreto.

10. **¿Con que prioridad se aplican los estilos CSS en el caso en el que existan conflictos entre ellos?**

■ Las propiedades definidas en un atributo `style` son prioritarias a las definidas en una etiqueta `<style>`.
■ Las propiedades definidas en una etiqueta `<style>` son prioritarias a las definidas en una hoja de estilos externa.
■ Las propiedades definidas en un atributo `style` son prioritarias a las definidas en una hoja de estilos externa.

11. **Para establecer negrita en los textos de los documentos web se puede utilizar la propiedad...**

a. ... `font-family`.
b. ... `font-style`.
c. ... **`font-weight`**.
d. ... `text-decoration`.

12. **Escriba la propiedad CSS (con su valor) que hay que usar para subrayar textos.**

`text-decoration: underline;`

13. Complete el siguiente texto.

El modelo de cajas (en inglés *box model)* es una de las características más importantes de CSS, ya que condiciona el **diseño** de la inmensa mayoría de los sitios de la WWW. El *box model* consiste en el comportamiento CSS que hace que todos los **elementos** incluidos en un documento web presenten una estructura similar a una **caja rectangular.**

14. ¿Por qué se dice que las pseudo-clases aportan dinamismo al aspecto de los elementos de las páginas web?

Esto se debe a que las pseudo-clases permiten aplicar estilos únicamente cuando se cumplen ciertas condiciones.

15. ¿Qué pseudo-clase se utiliza para definir estilos CSS en elementos cuando el cursor del ratón se posiciona sobre ellos?

    a. `:visited`
    b. `:hover`
    c. `:link`
    d. `:focus`

Solucionario 2
Desarrollo y reutilización de componentes software y multimedia mediante lenguajes de guion

Solucionario Capítulo 1

1. **De las siguientes frases, indique cuál es la verdadera y cuál es la falsa.**

   a. Las páginas de un sitio web están interrelacionadas entre sí.

   ☑ **Verdadero**
   ☐ Falso

   b. Las páginas no contienen subelementos en ningún caso.

   ☐ Verdadero
   ☑ **Falso**

   c. El contenido de una página web es solamente texto.

   ☐ Verdadero
   ☑ **Falso**

2. **Complete las siguientes oraciones.**

   La estructura **lineal** es la estructura más simple de todas, consiste en que todas las páginas están dispuestas de forma **consecutiva**. Es como si se estuviese leyendo un libro, de tal forma que, estando en una página, se puede **navegar** tanto a la página **anterior** como a la página **siguiente**.

3. **Ordene los pasos para elaborar un esquema general.**

   4. Agregación y descripción.
   1. La estructura depende del contenido.
   6. Ensamble final.
   2. Delimitación del tema.
   7. Testeo.
   5. Diseño y estilo gráfico.
   3. Recolección de información.

4. De las siguientes oraciones, señale cuál es la verdadera y cuál es la falsa.

a. La comprobación de una página debe hacerse mientras se está en la fase de desarrollo, en lugar de esperar a que esté totalmente finalizada.

☑ **Verdadero**
☐ Falso

b. Se ensamblan las distintas páginas antes de tener recolectada toda la información.

☐ Verdadero
☑ **Falso**

c. Cuando se dispone de la información que va a llevar el sitio, hay que clasificarla.

☑ **Verdadero**
☐ Falso

5. ¿Qué dos tipos de nodos se pueden encontrar en la arquitectura cliente/servidor?

Por un lado los clientes y por otro los servidores.

6. Relacione los siguientes elementos.

a. Cliente de la aplicación.
b. Servidor de aplicaciones.
c. Servidor de base de datos.

c. Capa 3
a. Capa 1
b. Capa 2

7. Indique las desventajas de la arquitectura de tres capas basadas en web.

a. Puede incrementar el tráfico de la red y requiere más balance de carga.
b. Los navegadores web no son todos iguales.

c. El desarrollar para este tipo de arquitecturas es más difícil ya que hay que ir probando entre los distintos dispositivos.

8. ¿A qué se hace referencia con la capa cliente?

A programas que requieren específicamente una conexión a otro programa, al que se denomina servidor.

9. Complete las siguientes oraciones referentes al sistema de dos capas.

a. El desarrollo de aplicaciones es mucho más **rápido**.
b. El cliente se conecta al servidor cuando necesita realizar algún tipo de petición de **información**.
c. Gran parte del proceso se ejecuta en el **navegador**.

10. ¿Cómo interactúa el usuario con nuestro sitio web?

a. Mediante menús.
b. Mediante enlaces.
c. **Ambas opciones son correctas.**

11. Relacione los siguientes elementos.

a. Estructura mixta.
b. Estructura jerárquica.
c. Estructura lineal.
d. Estructura en red.

d. Aparentemente no tiene orden establecido, las páginas pueden enlazarse unas con otras.
c. Es la estructura más simple de todas.
a. Es una mezcla de jerárquica con enlaces cruzados del tipo estructura red.
b. Es la típica estructura de árbol, donde el nodo principal es el elemento raíz.

12. Cite todos los clientes web que conozca.

Opera, Firefox, Chrome, Safari, Microsoft Edge.

13. Ante un desarrollo de una aplicación compleja, ¿qué arquitectura es más fácil de actualizar su contenido? Razone su respuesta.

Arquitectura de tres capas, ya que permite la modificación de parámetros en el servidor o en el servidor de base de datos sin que ello afecte a la capa cliente.

14. Desarrolle el procedimiento de la arquitectura de tres capas.

- El usuario interactúa con el cliente.
- Dicho cliente hace una solicitud al servidor de aplicaciones.
- Este servidor requiere información de la base de datos de otro servidor.
- Este, a su vez, le devuelve la petición con el resultado al servidor de aplicaciones y este se visualiza en el cliente.

15. De las siguientes oraciones, señale cuál es la verdadera y cuál es la falsa.

a. Para elaborar un esquema general de un sitio web se puede utilizar un *software* específico.

☑ **Verdadero**
☐ Falso

b. Tanto las imágenes como los vídeos y sonidos no tienen cabida en ninguna página de nuestra web.

☐ Verdadero
☑ **Falso**

c. Usar un sistema de búsquedas en nuestro sitio no tiene por qué ser indispensable.

☑ **Verdadero**
☐ Falso

Solucionario Capítulo 2

1. De las siguientes frases, indique cuáles son las verdaderas y cuáles son las falsas.

    a. Las páginas web están escritas en su mayor parte en HTML.

    ☑ **Verdadero**
    ☐ Falso

    b. Un navegador web no interpreta los archivos que componen una web.

    ☐ Verdadero
    ☑ **Falso**

    c. El contenido de una página web es solamente texto.

    ☐ Verdadero
    ☑ **Falso**

2. Complete las siguientes oraciones.

    Internet está formado por **miles de millones** de páginas **web**. El motor de **exploración** nos ayuda a encontrar aquellas **páginas** que sean relevantes a nuestra búsqueda.

    Los motores de exploración son también conocidos como **motores de búsqueda**.

3. De las siguientes frases, indique cuáles son las verdaderas y cuáles son las falsas.

    a. La función básica de un navegador web es la ejecución de documentos HTML y mostrarlos por pantalla.

    ☑ **Verdadero**
    ☐ Falso

b. Ningún navegador moderno utiliza el motor de JavaScript.

☐ Verdadero
☑ **Falso**

c. Algunas páginas web almacenan información en el ordenador para un uso posterior.

☑ **Verdadero**
☐ Falso

4. ¿Qué tres navegadores web se pueden encontrar en la mayoría de sistemas operativos?

Firefox, Chrome y *Safari* (aunque en *Windows* desde el 2012 ya no tiene soporte).

5. Relacione los siguientes elementos:

a. Navegador desarrollado por *Google* y es el más utilizado en Internet.
b. Navegador que destaca por su privacidad y seguridad.
c. Es el principal navegador en entorno *Windows* y lo trae por defecto.

c. *Microsoft Edge*
a. *Google Chrome*
b. *Mozilla Firefox*

6. ¿Qué es un *plugin*?

Los *plugins* son pequeñas aplicaciones que, una vez añadidos, complementan la funcionalidad de los navegadores. Por ejemplo, los *plugins* son los encargados de mostrar el contenido multimedia, como pueden ser las animaciones en flash o vídeo en cualquier formato.

7. ¿La mayoría de los *plugins* son desarrollados de forma externa al propio navegador?

a. Depende del navegador que sea.
b. En *Opera* sí, en los demás no.
c. Normalmente, sí.

8. ¿Cuál es la principal característica del *plugin Firebug*?

Este *plugin* está especialmente pensado para desarrolladores web. Con este plugin se podrá inspeccionar el código fuente desde el navegador con la posibilidad de depurar cualquier error o bug.

9. El *plugin ColorZilla*...

    a. ... muestra información sobre el HTML.
    b. ... permite depurar JavaScript.
    c. ... puede obtener una lectura de color en cualquier punto del navegador.

10. ¿Qué capacidades tiene el *plugin MeasureIt*?

Este *plugin* permite conocer las dimensiones de cualquier objeto o elemento que se encuentre en una web. Es muy útil si se quiere saber de forma rápida las dimensiones de un campo de texto, una imagen, etc.

Esta herramienta muestra las dimensiones del objeto seleccionado en píxeles.

11. De las siguientes frases, indique cuáles son las verdaderas y cuáles son las falsas.

    a. Al pulsar el botón *Firebug* aparece una nueva ventana situada en la parte baja del navegador.

        ☑ **Verdadero**
        ☐ Falso

    b. En el botón Inspeccionar elemento de *Firebug,* al seleccionar un objeto este aparece con un recuadro rojo.

        ☐ Verdadero
        ☑ **Falso**

    c. En la pestaña Consola aparece información referente a JavaScript.

        ☑ **Verdadero**
        ☐ Falso

12. De las siguientes frases, indique cuáles son las verdaderas y cuáles son las falsas.

a. Al inspeccionar un elemento es posibles modificar sus propiedades.

☑ **Verdadero**
☐ Falso

b. No se puede eliminar ninguna regla de estilo CSS.

☐ Verdadero
☑ **Falso**

c. Es posible añadir nuevas reglas de estilo CSS.

☑ **Verdadero**
☐ Falso

13. ¿Para qué sirve el panel Red de la herramienta para desarrolladores?

Este panel proporciona información detallada sobre todas las solicitudes y las respuestas obtenidas realizadas por una pagina web, permitiendo no obstante el analizar el rendimiento de la red, identificar posibles problemas de carga y examinar el trafico de red en tiempo real.

14. Relacione los siguientes elementos.

a. Permite ver la estructura de objetos que genera el navegador.
b. Permite analizar el tráfico que genera la web.
c. Permite modificar los atributos CSS.

c. Pestaña CSS.
a. Pestaña DOM.
b. Pestaña Red.

15. Razone por qué es importante el cumplimiento de los estándares.

El cumplimiento de los estándares es importante no solo para que el sitio sea mejor indexado por los motores de búsqueda, sino también para permitir que las páginas sean entendidas por usuarios con navegadores distintos a los usuales, ya se encuentren en un ordenador, en un *smartphone* o en una pantalla de televisión, sin olvidar los navegadores de voz que leen páginas web en voz alta a personas con dificultades visuales, los navegadores braille, etc.

Solucionario Capítulo 3

1. **Complete las siguientes oraciones:**

La descripción de un algoritmo mediante un lenguaje que entienda el ordenador, junto con la correcta representación en memoria de la información que maneja, se denomina **programa**.

Un **dato** es un conjunto de celdas o posiciones de memoria, que tiene asociado un nombre (identificador), y un valor (contenido).

2. **Relacione los siguientes elementos:**

a. Objeto de datos cuyo valor puede cambiar durante la ejecución de un programa.
b. Son números completos, sin ser fraccionarios o decimales, y pueden ser tanto positivos como negativos.
c. Siempre tienen punto decimal, y pueden ser tanto positivos como negativos.
d. Conjunto finito de caracteres.

c. Tipo de dato numérico real.
a. Variable.
b. Tipo de dato numérico entero.
d. Tipo de dato carácter.

3. **¿Qué es una cadena?**

Una cadena es una secuencia de caracteres que se encuentran encerrados entre comillas (apóstrofes) o dobles comillas.

4. **El control de flujo...**

a. ... se refiere al orden en el que se ejecutan las instrucciones del código del programa y este puede ser lineal.
b. ... se refiere al orden en el que se ejecutan las instrucciones del código del programa y este puede ser no lineal.

c. Se refiere al orden en el que se ejecutan las instrucciones del código del programa y este puede ser lineal o no lineal.

d. Todas las respuestas anteriores son correctas.

5. ¿Qué es un bucle?

Un bucle es aquel segmento del bloque de código, cuyas instrucciones se repiten un determinado número de veces, mientras se cumpla una determinada condición. Es necesario establecer mecanismos para determinar las tareas repetitivas. Estos mecanismos son una condición, pudiendo ser esta verdadera o falsa, y que se comprueba una vez a cada paso o interacción del bucle.

6. De las siguientes oraciones, ¿cuál es verdadera y cuál es falsa?

a. Una función es una operación que toma uno o más argumentos y produce un valor resultado.

☑ **Verdadero**
☐ Falso

b. Un procedimiento solamente puede devolver un único valor.

☐ Verdadero
☑ **Falso**

c. Las funciones realizan ciertos cálculos y devuelven un valor.

☑ **Verdadero**
☐ Falso

7. ¿Qué es la recursividad?

La recursividad se produce cuando una función o un procedimiento se llaman a sí mismos.

8. **Relacione los siguientes elementos:**

   a. Mecanismo que agrupa el código y los datos que los maneja y los mantiene protegidos frente a cualquier interferencia o mal uso.
   b. Los objetos con los mismos atributos y mismos mensajes se agrupan.
   c. Se corresponde con una entidad del mundo real. Contiene atributos y tiene una parte visible y otra oculta.
   d. Un mismo mensaje puede ser valido para más de una clase.

   c. Objeto.
   a. Encapsulación.
   b. Clase.
   d. Polimorfismo.

9. **¿Qué es un objeto en POO?**

   Un objeto se corresponde con una entidad del mundo real. Tiene dos partes (una estructura de datos y unas operaciones que manejan esa estructura, llamadas métodos). Un objeto contiene atributos a los que se llamarán variables de instancia. El objeto tiene una parte visible y una parte oculta. En la parte visible llamada interfaz o protocolo del objeto, solo se verán los nombres de los mensajes que el objeto entienda, mientras que en la parte oculta, están la implementación de esos métodos y los atributos.

10. **Complete la siguiente oración:**

   Una metodología es la colección de **procedimientos,** técnicas, herramientas y **documentos** auxiliares, que ayudan a los desarrolladores de *software* en sus esfuerzos por implementar nuevos sistemas de información. Una metodología está formada por **fases,** que guiarán a los desarrolladores de sistemas a elegir las **técnicas** más apropiadas en cada momento del proyecto, y también a **planificarlo,** gestionarlo y evaluarlo.

11. **Los lenguajes de guión se pueden clasificar en:**

   a. Lado cliente.
   b. Navegador Web.
   c. *Script.*
   d. Lado cliente y lado del servidor.

12. ¿Qué lenguaje de guión se suele usar más en el lado cliente?

Generalmente se suele utilizar JavaScript ya que es un lenguaje de programación que el navegador es capaz de interpretar y ejecutar sobre la página web. Para ello, hay que incluirlo con el tag *<script>* dentro del código HTML.

13. De las siguientes oraciones, ¿cuál es verdadera y cuál es falsa?

a. ASP es un lenguaje de script propiedad de Microsoft, que solo funciona en servidores Windows.

☑ **Verdadero**
☐ Falso

b. PHP es el lenguaje script menos utilizado en la web.

☐ Verdadero
☑ **Falso**

c. JSP permite usar código Java en los scripts.

☑ **Verdadero**
☐ Falso

14. Relacione los siguientes elementos:

a. Se utiliza para hacer web sencillas, pero también es posible crear aplicaciones complejas. Puede ejecutarse en la mayoría de sistemas operativos.
b. Es un lenguaje potente con una gran comunidad. Hay pocos servidores que ofrezcan este servicio.
c. Solo funciona en servidores Windows.

c. ASP
a. PHP
b. JSP

15. ¿Qué es un *Applet?*

Un *applet* es un componente de una aplicación que utiliza otro programa para poder ejecutarse, como por ejemplo, un navegador web.

Solucionario Capítulo 4

1. **Complete las siguientes oraciones:**

   Un *script* o **lenguaje** de guión en el lado del cliente es un programa que puede acompañar a un documento **HTML** mediante un **fichero** externo, o incluso puede estar **incluido** en el propio HTML. Este *script* se ejecuta en la máquina del cliente cuando se carga el documento *web*.

2. **De las siguientes oraciones, ¿cuál es verdadera y cuál es falsa?**

   a. El lenguaje de programación principal para el código por parte del cliente es ActionScript

      ☐ Verdadero
      ☑ **Falso**

   b. JavaScript no es un lenguaje orientado a objetos.

      ☐ Verdadero
      ☑ **Falso**

3. **Relacione los siguientes elementos:**

   a. Se definen tanto en el *head* como en el *body*.
   b. Se cargan con la página pero no se ejecutan hasta que el usuario realiza alguna acción.
   c. Se ejecutan al cargar la página, y van dentro del *body*.

   c. *Scripts* inmediatos.
   a. *Scripts* híbridos.
   b. *Scripts* diferidos.

4. ¿Cómo se declara una variable en JavaScript?

Para declarar una variable, se utiliza la palabra reservada VAR, seguida del nombre de la variable. En caso de inicializarla después de su nombre, se añade (=) y el valor que se desea que tenga.

5. De las siguientes oraciones, ¿cuál es verdadera y cuál es falsa?

a. El objeto *math* permite realizar cálculos matemáticos.

☑ **Verdadero**
☐ Falso

b. El objeto *document* proporciona métodos para manipular las ventanas del navegador.

☐ Verdadero
☑ **Falso**

c. El objeto *window* se utiliza para manipular el documento actualmente visible en la ventana del navegador.

☐ Verdadero
☑ **Falso**

6. Relacione los siguientes elementos:

a. Permite especificar que una secuencia de comandos repita una acción mientras una determinada condición sea cierta.

b. Esta instrucción se utiliza cuando se conoce el número de interacciones que se van a procesar.

c. Esta sentencia ayudará a la toma de decisiones en función de los distintos estados de una variable.

d. Se utiliza para seleccionar entre varias acciones alternativas en un programa.

c. Sentencia *switch*.

a. Instrucción de repetición o bucle.

b. Instrucción de repetición for.

d. Instrucción de selección.

7. Busque en la siguiente sopa de letras funciones de procesamiento de cadenas.

O	S	T	R	I	N	G	A
R	C	E	S	I	J	E	T
E	L	R	T	S	B	U	S
P	A	P	M	P	F	E	I
L	S	O	S	L	U	L	B
A	E	N	L	I	U	T	U
C	E	O	T	T	Q	S	T
E	E	C	O	N	C	A	T

8. Complete la siguiente oración:

Los *array* son **estructuras** de datos, que se encuentran formadas por **elementos** de datos relacionados. Permiten guardar varias **variables,** y acceder a ellas de forma **independiente.** Para hacer referencia a un **elemento** concreto de un *array,* se especifica el **nombre** del mismo y el **número** de posición del **elemento.**

9. Los *array* multidimensionales...

    a. ... no existen.
    b. ... son navegadores web.
    c. ... pueden tener dos o más subíndices.
    d. ... son como una variable.

10. ¿Cómo se utilizan a las propiedades dentro de una clase?

Para utilizar las propiedades dentro de una clase, se realiza con la palabra clave *this,* la cual se refiere al objeto actual. Dentro de la clase utilizamos la sintaxis *this. Propiedad.*

11. ¿Cómo accedemos a una propiedad fuera de la clase?

Para acceder a una propiedad fuera de la clase, se utiliza la sintaxis: *Nombrepropiedad.Propiedad.*

12. De las siguientes oraciones, ¿cuál es verdadera y cuál es falsa?

    a. *Window* realiza el seguimiento de los sitios visitados por el usuario en el navegador.

        ☐ Verdadero
        ☑ **Falso**

    b. *Anchor* es la colección que contiene todos los elementos ancla que tienen el atributo id o name.

        ☑ **Verdadero**
        ☐ Falso

    c. *Document* representa al documento HTML representado en *Windows.*

        ☑ **Verdadero**
        ☐ Falso

13. ¿Cuáles son los eventos más utilizados en JavaScript, y para qué sirven?

- "onabort": El usuario interrumpe la transferencia de una imagen.
- "onchange": Se realiza una nueva selección en un elemento select o cuando se cambia una entrada de texto y el elemento pierde el enfoque.
- "onclick": El usuario hace clic con el ratón.
- "ondblclick": El usuario hace doble clic con el ratón.
- "onfocus": Un elemento de formulario recibe el enfoque.
- "onkeydown": El usuario mantiene pulsada una tecla.
- "onkeypress": El usuario pulsa y suelta una tecla.
- "onkeyup": El usuario suelta una tecla.
- "onload": Se ha cargado un elemento y todos sus secundarios.
- "onmousedown": Se mantiene pulsado el botón del ratón.
- "onmousemove": Se desplaza el ratón.
- "onmouseout": El ratón sale de un elemento.
- "onmouseover": El ratón entra en un elemento.
- "onmouseup": Se suelta un botón del ratón.
- "onreset": Se reestablece el formulario (clic botón de Reestablecer).
- "onresize": Cambia el tamaño de un objeto (cambio de tamaño de una ventana).
- "onselect": Se empieza a seleccionar texto (se aplica a textarea o input):
- "onsubmit": Se envía un formulario.
- "onunload": Se está a punto de cargar una página.

14. Relacione los siguientes elementos:

a. Es una de las principales aplicaciones que ha impulsado el renacimiento de la web. Es un gestor CMS. Existen miles de sitios creados con esta plataforma.
b. Es una plataforma orientada principalmente a la estética, así como a la usabilidad.
c. Resulta idóneo para construir y gestionar comunidades en Internet. Es una plataforma de código abierto, y se centra en la usabilidad y consistencia de todo el sistema.

c. *Drupal*
a. *Joomla!*
b. *Wordpress*

15. ¿Es posible desarrollar aplicaciones para dispositivos móviles usando lenguajes de guión?

Actualmente esta muy de moda el desarrollo para los dispositivos móviles. Si bien es muy aconsejable el desarrollo de estas aplicaciones utilizando el lenguaje de programación nativo para cada dispositivo, es posible el uso de *frameworks* para crear aplicaciones utilizando los estándares HTML 5, CSS 3 y JavaScript.

Solucionario Capítulo 5

1. **De las siguientes frases, ¿cuál es verdadera y cuál es falsa?**

   a. Multimedia solamente utiliza un medio a la vez.

   ☐ Verdadero
   ☑ **Falso**

   b. Los gráficos no son un formato de información multimedia.

   ☑ **Falso**
   ☐ Verdadero

   c. En una página web se pueden añadir contenidos multimedia.

   ☑ **Verdadero**
   ☐ Falso

2. **¿Para qué se usa principalmente la reproducción en *streaming*?**

   Principalmente puede usarse en dos escenarios:

   ▪ Emisiones en directo: cualquier persona con conexión a internet podrá seguir la emisión en directo.
   ▪ Distribución de archivos multimedia pregrabados: en este caso el servidor almacena los archivos, y estos pueden ser consultados por cualquier persona que tenga acceso a internet. Esta persona no tendrá que descargarse todo el archivo para poder verlo, sino que comenzará a verlo en el momento en que lo solicite.

3. **De las siguientes oraciones, ¿cuál es verdadera y cuál es falsa, en relación a la reproducción progresiva?**

   a. Se realiza a través del protocolo HTTP.

   ☑ **Verdadero**
   ☐ Falso

b. Es posible ver cualquier parte del contenido multimedia antes de que se descargue por completo.

☐ Verdadero
☑ **Falso**

c. Se puede consumir mucho ancho de banda.

☑ **Verdadero**
☐ Falso

4. Al realizar dos imágenes, una mediante mapa de bits, y otra vectorizada, si se aplica un zoom del 200 % ¿cómo se verían?

La imagen vectorizada estaría más suavizada, mientras que la imagen de mapa de bits estaría dentada.

5. Relacione los siguientes elementos:

a. Soportan hasta 256 colores y permiten animaciones.
b. Es totalmente compatible con la mayoría de navegadores web.
c. Puede servir como sustituto a GIF, y permite transparencias

c. PNG
a. GIF
b. JPG

6. Indique cuándo es recomendable utilizar archivos JPG.

ı Para guardar una fotografía.
ı Para guardar una imagen que tenga gradaciones.
ı Para añadir texto en la parte superior de una foto

7. Complete las siguientes oraciones referentes al sistema dos capas.

a. Existen muchos sitios de repositorios de imágenes, también denominados **bancos de imágenes.**

b. Las fotografías son tipos de **imágenes** que se obtienen con una cámara fotográfica.

c. Un gráfico **vectorial** esta compuesto de líneas curvas y definidas.

8. Relacione los siguientes elementos:

a. Tratamiento de fotografías digitales.

b. Crear y trabajar con imágenes planas como logotipos.

c. Se emplean para limpiar y retocar fotografías.

c. Filtros.

a. Programas tratamiento mapa de bits como Photoshop.

b. Programas tratamiento vectorial como Illustrator.

9. ¿Cuánto es posible reducir el espacio ocupado por una fotografía mediante JPG?

Este formato permite reducir el espacio ocupado por una fotografía hasta proporciones de 20:1 respecto a su valor sin compresión, haciendo que sea difícil distinguir la diferencia entre ambas en un tamaño a 100 %.

10. De las siguientes oraciones, ¿cuál es verdadera y cuál es falsa?

a. Existen tres grupos principales de formatos de audio.

☑ **Verdadero**
☐ Falso

b. El formato audio sin comprimir requiere de menos tiempo de procesamiento.

☐ Verdadero
☑ **Falso**

c. En la compresión con pérdida de audio, se comprimen los datos descartándose parte de estos.

☑ **Verdadero**
☐ Falso

11. ¿Cuáles son los formatos de audio abiertos libres?

Aiff, au, flac, ogg, mpc, wav, vorbis, y opus.

12. ¿Para qué se utiliza el atributo *controls* en el elemento <audio> de HTML5?

El atributo controls añade controles de audio, como reproducción, pausa y volumen. También hay que añadir contenido entre las etiquetas <audio></audio>, para aquellos navegadores que no sean compatibles con este elemento.

13. De las siguientes oraciones, ¿cuál es verdadera y cuál es falsa, en relación a la reproducción progresiva?

a. Se realiza a través del protocolo HTTP.

☑ **Verdadero**
☐ Falso

b. Podemos ver cualquier parte del contenido multimedia antes que se descargue por completo.

☐ Verdadero
☑ **Falso**

c. Se puede consumir mucho ancho de banda

☑ **Verdadero**
☐ Falso

14. ¿Cómo se insertaría un canal de vídeo de *Youtube* en una página web?

a. Copiando y pegando el vídeo.
b. Copiando en enlace del vídeo.
c. Utilizando la etiqueta <iframe> u <object>.
d. Todas las opciones son incorrectas.

15. Complete la siguientes oraciones:

Adobe Flash era una aplicación comercial para crear **películas** interactivas y animadas. Se puede utilizar para crear **anuncios** basados en la web, sitios **web interactivos,** juegos, y aplicaciones basadas en la web, con sorprendentes **gráficos** y efectos **visuales.**

Solucionario 3

Aplicacion de técnicas de usabilidad y accesibilidad en el entorno cliente

Solucionario Capítulo 1

1. ¿Por qué es útil previsualizar páginas web en HTML puro, sin diseño CSS?

   a. Eliminar los archivos CSS de las páginas web hace que sean más fáciles de analizar por los lectores de pantalla.
   b. **Ver páginas web sin ningún CSS aplicado es un buen indicador de cómo verán las páginas los lectores de pantalla.**
   c. Ver las páginas web solo con HTML hace que sea fácil detectar faltas de ortografía.
   d. Ver páginas web sin CSS es la mejor forma de ver el tamaño de las áreas clicables.

2. Indique si son verdaderas o falsas las siguientes afirmaciones.

   a. Lo correcto es tener dos sitios web, uno normal y otro accesible para personas con algún tipo de discapacidad.

      ☐ Verdadero
      ☑ **Falso**

   b. La accesibilidad web es asunto solo de diseñadores y programadores.

      ☐ Verdadero
      ☑ **Falso**

   c. Las páginas web accesibles no tienen que ser feas ni aburridas.

      ☑ **Verdadero**
      ☐ Falso

   d. La accesibilidad web beneficia a personas sin discapacidades.

      ☑ **Verdadero**
      ☐ Falso

   e. Existen herramientas que determinan el nivel de accesibilidad automáticamente.

      ☐ Verdadero
      ☑ **Falso**

3. **¿Qué son las tecnologías de apoyo o tecnologías asistivas que emplean las personas con discapacidad?**

   a. Son productos que les ayudan a emplear las nuevas tecnologías.
   b. Son productos que les ayudan a aprender sobre nuevas tecnologías.
   c. **Son productos que les ayudan a realizar ciertas tareas que serían imposibles o muy difíciles de realizar de otra forma**
   d. Son productos que les ayudan a caminar.

4. **Complete la siguiente frase:**

   Existen una serie de **herramientas** que permiten evaluar la **accesibilidad**. Funcionan muy **bien** y son una gran **ayuda** pero no son **suficientes**. A veces muestran como **error** algo que no lo es o no detectan algunos **errores** existentes. Actualmente no se puede **automatizar** totalmente la evaluación de la accesibilidad web y siempre será necesaria la intervención manual de una **persona**.

5. **Las Pautas de Accesibilidad al Contenido en la Web 2.0 (WCAG 2.0) están compuestas de...**

   a. **... 14 pautas, 61 criterios de conformidad y 3 niveles de conformidad.**
   b. ... 65 pautas, 14 criterios de conformidad y 3 niveles de conformidad.
   c. ... 4 pautas, 65 puntos de verificación y 14 niveles de conformidad.
   d. ... 4 pautas, 61 puntos de verificación y 14 niveles de conformidad.

6. **Clasifique las siguientes acciones como buenas o malas prácticas desde el punto de vista de la accesibilidad.**

   a. Proporcionar un texto alternativo para las imágenes.
   b. Utilizar los mismos colores o parecidos para el texto y el fondo.
   c. Sustituir los textos que deban ir en letra grande por imágenes.
   d. Utilizar enlaces del tipo "pinche aquí" para guiar al usuario.
   e. Crear un enlace al principio de la página que lleve al contenido principal.
   f. Proporcionar subtítulos para los vídeos.

Buenas prácticas	Malas prácticas
a, e, f	b, c, d

7. **Relacione los tres grupos de recomendaciones WAI con lo que trata cada una:**

    a. WCAG
    b. UAAG
    c. ATAG

    c. Se refieren a recomendaciones para desarrolladores de herramientas de edición web. Ayudan a tener herramientas que generen código HTML accesible y, además, que la propia herramienta tenga una interfaz de usuario accesible.
    a. Se refiere a las pautas que un desarrollador web debe seguir, organizando los contenidos, para que sus páginas web sean más accesibles.
    b. Se refiere a las pautas que deben seguir los desarrolladores de los navegadores web para que los interfaces gráficos sean accesibles y que el navegador disponga de ayudas a la navegación.

8. **Para que una página web sea conforme al nivel AAA, ¿qué criterios debe satisfacer? Indique la opción que sea correcta.**

    a. Es suficiente que satisfaga todos los criterios de éxito del nivel A y del AA.
    b. Es suficiente que satisfaga los criterios de éxito del nivel AAA.
    c. Es suficiente que satisfaga todos los criterios de éxito de los niveles A y AA y alguno de los de nivel AAA.
    d. Debe satisfacer todos los criterios de éxito de todos los niveles, A, AA y AAA.

Solución: Que sea conforme a un nivel de conformidad superior significa que debe ser conforme a todos los niveles anteriores. Por tanto la opción correcta es la D, debe satisfacer todos los niveles A, AA y AAA.

9. **Indique el nivel de conformidad (A, AA o AAA) asociado a los siguientes criterios de conformidad:**

    a. Subtítulos (directo). **AA**
    b. Control de audio. **A**
    c. Pausar, detener, ocultar. **A**
    d. Ubicación. **AAA**
    e. Idioma de la página. **A**
    f. Navegación consistente. **AA**
    g. Interpretación. **A**

10. **¿Qué característica de una tabla de datos se debe tener en cuenta desde el punto de vista de la accesibilidad?**

    a. El número de columnas de la tabla.
    b. El número de filas de la tabla.
    c. El orden lineal de la tabla.
    d. Todas las opciones son correctas.

11. **Para analizar la accesibilidad de un sitio web, ¿qué tipos de pruebas se pueden realizar?**

    a. Análisis con herramientas de evaluación automática.
    b. Tests de usuarios.
    c. Análisis manual por parte de un experto.
    d. Todas las opciones son correctas.

12. **Indique el nombre de dos herramientas de cada tipo para la validación de la accesibilidad web.**

    a. Basadas en navegador: (Firebug, Web Developer, ...)
    b. Aplicaciones de escritorio: (Total Validator, Worldspace FireEyes, ...)
    c. Servicios web externos: (Validador CSS de la W3C, HERA, ...)

13. Complete la siguiente tabla con los principios fundamentales y pautas de accesibilidad que faltan.

Principios de diseño accesible	Pautas de accesibilidad de la WCAG 2.0
Perceptibilidad	Alternativas textuales Contenido multimedia dependiente del tiempo Adaptabilidad Distinguible
Operatividad	Accesible a través del teclado Tiempo suficiente Prevenir ataques epilépticos Navegable
Comprensibilidad	Legible Predecible Ayuda a la entrada de datos
Robustez	Compatible

14. Relacione las siguientes situaciones y medidas de accesibilidad, aplicadas a una página web española que contiene imágenes y vídeos.

    a. Juan es una persona invidente.
    b. Marta es una persona sorda.
    c. Pedro no sufre ninguna discapacidad, le gusta ir a la playa con su dispositivo móvil para acceder a internet.
    d. María no sufre ninguna discapacidad, estudia en la biblioteca pero se le han roto los auriculares y necesita ver un vídeo.
    e. Bruce es inglés y no habla español.
    f. Eva es daltónica.

c, f. Se decide mejorar el contraste entre las letras y el fondo.
b, d. Se incluyen subtítulos en español a los vídeos.
e. Se incluyen subtítulos en inglés a los vídeos.
a. Se aplica el atributo "alt" a todas las imágenes de la web.

15. Complete el crucigrama.

1. AAA-Nivel de conformidad más exigente de la WCAG 2.0.
2. AENOR-Asociación Española de Normalización y Certificación.
3. Licornio-Permite usar un teclado tradicional con movimientos de cabeza.
4. Accesibilidad-Facilidad con que un sitio puede ser accedido por cualquier persona en diferentes condiciones.
5. Daltonismo-Problema que dificulta distinguir colores.
6. Adaptable-Pauta de accesibilidad: se debe crear contenido que pueda ser presentado de maneras diferentes.
7. Entendible-Principio de la WCAG 2.0 que debe cumplir un sitio web accesible.
8. Subtítulos-Ayudan a comprender el contenido audible a personas con discapacidades auditivas.
9. Sordera-Discapacidad que no permite a los que la padecen entender mensajes sonoros.
10. WCAG-Pautas de Accesibilidad al Contenido en la Web.
11. Legible-Pauta de accesibilidad: se debe hacer que el contenido textual sea comprensible.
12. UNE 139803-Norma española que establece los requisitos de accesibilidad para los contenidos en la web.

1	2	3	4	5	6	7	8	9	10	11	12	13
A			A				L					
A	C	C	E	S	I	B	I	L	I	D	A	D
A			N				C					A
			O			A	O					L
			R			D	R					T
				E		A	N					O
				N		P	I					N
	S	U	B	T	I	T	U	L	O	S		I
	O			E		A						S
	R			N		B	W					M
	D			D		L	C					O
	E			I		E	A					
	R			B	L	E	G	I	B	L	E	
	A			L								
		U	N	E	1	3	9	8	0	3		

Solucionario Capítulo 2

1. **Para conseguir un sitio web que llegue a todo el mundo y sea usable se debe...**

    a. **... simplificar utilizando un diseño minimalista y utilizar un lenguaje sencillo.**
    b. ... redactar el contenido con frases largas para que todo quede claro.
    c. ... prescindir del uso de colores.
    d. ... utilizar muchos colores.

2. **Se crea un sitio web y se decide que no se usarán colores en su interfaz, será en blanco y negro.**

    a. De esta forma es más accesible.
    b. De esta forma es más usable.
    c. De esta forma se adapta mejor a dispositivos móviles.
    d. **Será igual de accesible y usable que si se utiliza una buena combinación de colores.**

3. **¿Qué es un mapa de calor?**

    Es una imagen del sitio web donde se representan con colores más intensos las zonas a las que los usuarios prestan más atención. Según la técnica utilizada pueden ser producidos con los movimientos y clics del ratón o por los movimientos de los ojos.

4. **Si se quiere conseguir una interfaz usable se debe...**

    a. ... proporcionar al usuario un tutorial o manual que explique claramente el funcionamiento de la interfaz.
    b. **... dar respuestas inmediatas a las acciones de los usuarios.**
    c. ... no informar a los usuarios de los errores que cometan.
    d. ... maximizar el tiempo de respuesta.

5. **Respecto al sistema de navegación de un sitio web, ...**

   a. ... es recomendable ocultar al máximo las opciones de navegación.
   b. **... es recomendable reducir al máximo las opciones de navegación ocultas.**
   c. ... es recomendable mostrar solo las opciones de navegación más importantes.
   d. Todas las opciones son incorrectas.

6. **Indique si son verdaderas o falsas las siguientes afirmaciones.**

   a. La interfaz de un sitio web debe ser visual y su objetivo principal debe ser llamar la atención del usuario.

      ☐ Verdadero
      ☒ **Falso**

   b. Una página web que tiene un alto grado de usabilidad es siempre accesible.

      ☐ Verdadero
      ☒ **Falso**

   c. Un análisis heurístico debe realizarlo un experto en accesibilidad.

      ☐ Verdadero
      ☒ **Falso**

   d. Hay que anticiparse a las necesidades de los usuarios.

      ☒ **Verdadero**
      ☐ Falso

7. **Complete el siguiente párrafo:**

   La accesibilidad y la usabilidad son **diferentes**. La accesibilidad se refiere a la facilidad de **acceso** y la usabilidad se refiere a la facilidad de **uso**. La usabilidad está reconocida como un atributo de **calidad** del *software*. En la metodología de diseño tradicional, el proceso de desarrollo es **lineal**, mientras que en el diseño centrado en el usuario, el desarrollo es **cíclico**, y en cada iteración **mejora** el producto.

8. Clasifique las siguientes acciones como buenas o malas prácticas desde el punto de vista de la usabilidad:

   a. En los contenidos del sitio web se deben utilizar palabras y conceptos que resulten familiares a los usuarios.
   b. Si el usuario comete un error, no se le debe permitir volver atrás.
   c. Añadir muchas funcionalidades al sitio web, porque cuantas más tenga mejor será.
   d. Cuando se ofrezca ayuda, esta debe ser extensa y general para que el usuario busque lo que necesite.
   e. Se debe permitir que el usuario se mueva libremente por todo el sitio web.
   f. El uso generalizado de estándares en todo el sitio web.

Buenas prácticas	Malas prácticas
a, e, f	b,c,d

9. ¿Quién puede realizar un análisis heurístico de un sitio web?

   a. Puede realizarlo un experto en usabilidad o un usuario del sitio.
   b. Debe realizarlo siempre un experto en usabilidad.
   c. Puede realizarlo cualquier persona del equipo de desarrollo siguiendo guías o principios de usabilidad de expertos.
   d. Todas las opciones son incorrectas.

10. Ordene las etapas principales en la metodología de diseño centrado en el usuario.

   <u>4.</u> Evaluación.
   <u>3.</u> Prototipado.
   <u>1.</u> Análisis.
   <u>2.</u> Diseño.

11. **¿Qué pasaría en un sitio web que utiliza principios de accesibilidad y usabilidad web simultáneamente?**

   a. No se pueden utilizar conjuntamente.
   b. **Eso es lo ideal, la accesibilidad y la usabilidad se complementan y sería un sitio web de calidad.**
   c. Se pueden utilizar conjuntamente pero las personas con discapacidad no podrían usar el sitio web.
   d. Todas las opciones son incorrectas.

12. **Relacione los siguientes métodos de usabilidad con las etapas de desarrollo donde es más conveniente aplicarlos.**

   a. Agrupación de tarjetas o *card sorting.*
   b. Encuestas.
   c. Test de usuarios.
   d. Entrevistas.
   e. Seguimiento visual o *eye tracking.*

Al inicio del desarrollo	- Encuestas. - Entrevistas.
Durante el desarrollo de prototipos	- Agrupación de tarjetas o *card sorting.* - Test de usuarios.
En la etapa final del desarrollo	- Test de usuarios. - Seguimiento visual o *eye tracking.*

13. **Si se quiere saber si un sitio web es fácil de usar, ¿cuál sería la técnica más apropiada y fiable?**

   a. Entrevista.
   b. **Indagación.**
   c. Encuesta.
   d. Preguntar directamente al usuario.

14. Indique dos métodos para evaluar la usabilidad que requieran la participación del usuario y otros dos que no la necesiten.

Necesitan participación del usuario	No necesitan a los usuarios
Test de usuarios, indagaciones, encuestas, entrevistas, *card sorting, eye tracking.*	Evaluación heurística, listas de comprobación, paseos cognitivos.

15. Complete el crucigrama.

1. Eficiencia: mide la rapidez con la que los usuarios pueden realizar tareas.
2. Etnografía: ciencia que estudia la conducta y comportamiento de una cultura determinada.
3. *Eye Tracking:* método de usabilidad que puede generar mapas de calor.
4. *Feedback:* recibir comentarios de los usuarios.
5. ISO: Organización Internacional de Estandarización.
6. Horizontal: prototipo que reproduce la mayor parte de aspecto visual pero sin funcionalidad real.
7. *Card Sorting:* método de usabilidad para ordenar y categorizar.
8. Usabilidad: facilidad de uso.
9. Indagación: se basan en la observación de los usuarios.
10. Usuario: la accesibilidad y la usabilidad se preocupan de él.
11. Entrevistas: son útiles para descubrir necesidades pero poco fiables para evaluar la usabilidad..

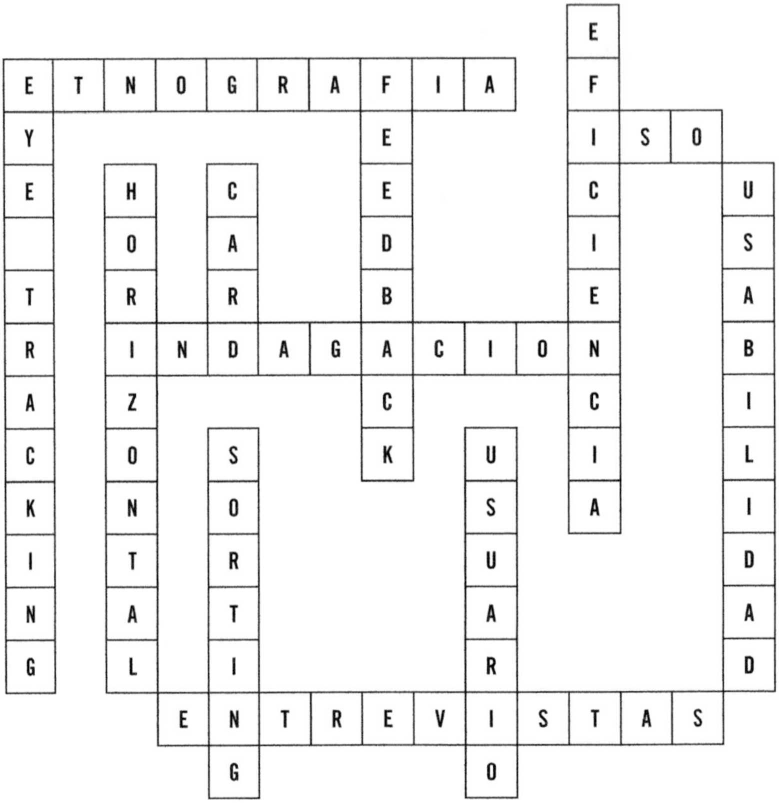
ETNOGRAFIA
EYE TRACKING
HORIZONTAL
CARD
SORTING
FEEDBACK
INDAGACION
EFICIENCIA
USO
USABILIDAD
USUARIO
ENTREVISTAS

Desarrollo de aplicaciones web en el entorno servidor

Solucionario Capítulo 1

1. **De las siguientes afirmaciones, indique cuál es verdadera o falsa.**

    a. El primer modelo definido del ciclo de vida del *software* fue el modelo iterativo.

    ☐ Verdadero
    ☑ **Falso**

    b. El modelo en cascada es el más recomendado para grandes desarrollos.

    ☐ Verdadero
    ☑ **Falso**

    c. El modelo de desarrollo rápido de aplicaciones permite un desarrollo rápido del *software* sin pagar un precio mayor.

    ☐ Verdadero
    ☑ **Falso**

    d. El modelo basado en componentes permite la reutilización del *software*.

    ☑ **Verdadero**
    ☐ Falso

2. **Complete la siguiente oración.**

    Un requisito es una **necesidad** de un usuario para resolver un **problema**.

3. **¿En cuántos niveles se puede dividir un diagrama de flujo?**

    ▪ Nivel 0 (diagrama de contexto): se representa el sistema (como un único proceso) y las interacciones con el resto de entidades.
    ▪ Nivel 1 (diagrama de nivel superior): se indican los procesos que describen el proceso principal.
    ▪ Nivel 2 (diagrama de detalle o expansión): se aumenta el nivel de detalle, indicando excepciones y flujos entre procesos.

4. Relacione los siguientes elementos.

  a. Documento ERS.
  b. Documento SSD.
  c. Informes de ejecución.

  c. Pruebas.
  b. Diseño.
  a. Análisis de requisitos.

5. Los requisitos de sistema...

  a. ... definen las características técnicas del sistema.
  b. **... describen de manera completa la funcionalidad del software.**
  c. ... describen de manera científica la funcionalidad del software.
  d. Todas las opciones son verdaderas.

6. El modelo de interfaz...

  a. **... define la forma en la que el usuario interactúa con el sistema.**
  b. ... define la forma en que se comunican los componentes del sistema.
  c. Las dos respuestas anteriores son correctas.
  d. Todas las opciones son incorrectas.

7. Son relaciones entre casos de uso...

  a. ... la extensión.
  b. ... la inclusión.
  c. ... la generalización.
  d. **Todas las opciones son correctas.**

8. De las siguientes afirmaciones, indique cuál es verdadera o falsa.

  a. Los diagramas de implementación pertenecen a UML.

    ☑ **Verdadero**
    ☐ Falso

b. Los diagramas de actividad definen la transición entre los posibles estados del sistema, incluido el evento disparador.

 ☐ Verdadero
 ☑ **Falso**

c. Los diagramas de secuencia muestran la comunicación de los objetos durante la ejecución de una tarea.

 ☑ **Verdadero**
 ☐ Falso

d. El Documento de Diseño de *Software* (SDD) recoge como está estructurado el sistema para cumplir los requisitos.

 ☑ **Verdadero**
 ☐ Falso

9. La programación estructurada...

a. ... **se fundamenta en el Teorema del Programa Estructurado.**
b. ... permite el uso de herencia, cohesión y abstracción.
c. ... describe los mecanismos a utilizar, pero no implementa los pasos a seguir para solucionar un problema.
d. Todas las opciones son correctas.

10. La planificación de proyectos...

a. ... utiliza Diagramas de Boehm.
b. ... no depende de proyectos anteriores.
c. ... **exige una serie de estimaciones**.
d. Todas las opciones son correctas.

11. De las siguientes afirmaciones, indique cuál es verdadera o falsa.

a. La validación es diferente a la verificación.

 ☑ **Verdadero**
 ☐ Falso

b. Un método formal de verificación utiliza técnicas matemáticas.

☑ **Verdadero**
☐ Falso

c. Un método automatizado de análisis implica un software especial.

☑ **Verdadero**
☐ Falso

d. Un bucle infinito no es un error característico.

☐ Verdadero
☑ **Falso**

12. Una prueba unitaria es:

a. Una prueba aplicada al sistema.
b. Una prueba aplicada a un grupo de módulos.
c. **Una prueba aplicada a un módulo.**
d. Todas las opciones son correctas.

13. Relacione los siguientes elementos.

a. Prueba de la ruta básica.
b. Prueba de bucle.
c. Prueba de arreglo ortogonal.
d. Análisis de valores frontera.

a., b. Caja blanca.
c., d. Caja negra.

14. Las métricas...

a. ... no sirven para medir la calidad del *software*.
b. **... pueden predecir el tamaño del sistema.**
c. ... tienen aplicación en momentos puntuales del ciclo de vida del *software*.
d. Todas las opciones son incorrectas.

15. Complete la siguiente oración.

El **compilador** es una herramienta que transforma el **código** en un lenguaje entendible por el **ordenador**.

Solucionario Capítulo 2

1. De las siguientes afirmaciones, indique cuál es verdadera o falsa.

a. El estado de un objeto es descrito por los métodos que implementa.

☐ Verdadero
☑ **Falso**

b. Se recomienda que los atributos de un objeto sean directamente accesibles desde el exterior.

☐ Verdadero
☑ **Falso**

c. La abstracción consiste en quedarse con las características esenciales que definen un objeto.

☑ **Verdadero**
☐ Falso

d. La manera en la que se comunican dos objetos se denomina sobrecarga.

☑ **Verdadero**
☐ Falso

2. Complete la siguiente oración.

La encapsulación provoca que los detalles **internos** de la **clase** no sean visibles al **usuario/exterior.**

3. ¿Cuál es la diferencia entre variables de estado y variables de clase?

Las variables de estado son los atributos del objeto y definen su estado tomando un valor que puede ser diferente para cada instancia. Las variables de clase, por el contrario, son un valor definido en la superclase que es común a todas las instancias.

4. ¿Qué afirmaciones respecto a las excepciones son ciertas?

    a. En Java se puede introducir un bloque opcional Finally después de la excepción.
    b. Las excepciones son un mecanismo de control de errores.
    c. Una excepción es capturada por el primer catch con el que empareje.
    d. Todas las opciones son correctas.

5. El destructor debe ser implementado en Java...

    a. ... siempre.
    b. ... únicamente si se dispone de poca memoria en el ordenador.
    c. ... cuando se use programación orientada a objetos.
    d. Todas las opciones son incorrectas.

6. En caso de no definirse el constructor...

    a. ... se crea uno por defecto.
    b. ... el constructor es obligatorio.
    c. ... no pasa nada, pero esa clase no se podrá instanciar nunca.
    d. Todas las opciones son incorrectas.

7. Establezca la diferencia entre clase y objeto.

Una clase es la especificación de un tipo abstracto de datos (TAD), mientras que un objeto es una instancia de esa clase (algo que cumple con la especificación).

8. De las siguientes afirmaciones, indique cuál es verdadera o falsa.

    a. En la agregación, los dos objetos mantienen una existencia independiente.

        ☑ **Verdadero**
        ☐ Falso

    b. En la composición, los dos objetos mantienen una existencia dependiente.

        ☑ **Verdadero**
        ☐ Falso

   c. La asociación de clases implica que un atributo de una clase A hace refe-rencia a una clase B.

      ☑ **Verdadero**
      ☐ Falso

   d. Las diferentes relaciones entre clases no tienen implementación directa en Java.

      ☑ **Verdadero**
      ☐ Falso

9. La herencia múltiple...

   a. ... permite heredar de dos o más clases al mismo tiempo.
   b. ... no tiene implementación directa en Java.
   c. ... puede ocasionar problemas si dos métodos tienen el mismo nombre en las superclases.
   d. Todas las opciones son correctas.

10. Una clase abstracta...

   a. ... tiene todos sus métodos implementados.
   b. ... no se puede instanciar.
   c. ... tiene que heredar obligatoriamente de una superclase.
   d. Todas las opciones son correctas.

11. De las siguientes afirmaciones, indique cuál es verdadera o falsa.

   a. El polimorfismo permite definir objetos de diferentes clases con el mismo nombre.

      ☐ Verdadero
      ☑ **Falso**

   b. El enlace dinámico *(dynamic binding)* tiene lugar en tiempo de compilación.

      ☐ Verdadero
      ☑ **Falso**

c. Hay dos tipos de herencia: simple y múltiple.

☑ **Verdadero**
☐ Falso

d. Las clases de un *package* son visibles desde fuera sin necesidad de importación.

☐ Verdadero
☑ **Falso**

12. La sobrecarga...

a. ... implica crear muchos métodos con igual nombre y parámetros, pero con distinta implementación.
b. **... se puede aplicar a constructores.**
c. ... tiene solo aplicación en clases abstractas.
d. Todas las opciones son incorrectas.

13. Complete la siguiente oración.

La **genericidad** permite definir clases parametrizadas para implementar una funcionalidad **común**.

14. ¿Todos los diagramas UML se aplican a orientación a objetos?

a. No, cada uno tiene su campo específico.
b. Solo los diagramas de clase y los diagramas de objeto.
c. **Todos los diagramas son aplicables a programación orientada a objetos.**
d. Únicamente los diagramas de clase, objeto, secuencia, actividad y eventos.

15. El método super()...

a. **... llama al constructor de la superclase.**
b. ... puede incluirse en cualquier parte del código.
c. ... nunca acepta parámetros.
d. Todas las opciones son incorrectas.

Solucionario Capítulo 3

1. Una aplicación web...

    a. ... requiere de un servidor a la escucha de solicitudes.
    b. ... se puede desarrollar en varios lenguajes de programación.
    c. ... normalmente hace uso de una base de datos.
    d. Todas las opciones son correctas.

2. Complete la siguiente oración.

El modelo **OSI** es un modelo de **siete** capas que define la **intercomunicación** entre equipos.

3. Indique brevemente la misión de la capa de red.

Se encarga de la comunicación entre dos nodos que no tienen por qué estar conectados directamente.

4. ¿A qué capa pertenece el protocolo HTTP?

    a. A la capa de red.
    b. A la capa de sesión.
    c. A la capa de enlace de datos.
    d. Todas las opciones son incorrectas.

5. ¿Cómo se accede al servidor local?

    a. www.localhost.
    b. http://localhost.es.
    c. http://localhost.
    d. Las opciones b y c son correctas.

6. ¿Quién renderiza la respuesta de un servidor para que sea mostrada de manera legible?

    a. Ya viene renderizada desde el servidor.
    b. El cliente que la solicitó.
    c. Depende de la información que haya sido solicitada.
    d. Todas las opciones son incorrectas.

7. **Son plataformas de desarrollo en el servidor...**

   a. ... JSP (Java Server Pages).
   b. ... PHP (PHP Hipertext Preprocessor).
   c. ... ASP.NET.
   d. **Todas las opciones son correctas.**

8. **UDP y TCP son protocolos de la capa de transporte...**

   a. **... no orientado a conexión y orientado a conexión, respectivamente.**
   b. ... orientado a conexión y no orientado a conexión, respectivamente.
   c. ... ambos son orientados a conexión.
   d. ... en la definición de los protocolos no se especifica su orientación.

9. **Apache es:**

   a. **... únicamente un servidor.**
   b. ... una base de datos.
   c. ... un instalador que permite seleccionar los componentes a instalar, ya sea servidor o base de datos.
   d. Todas las opciones son incorrectas.

10. **Internet Information Server...**

    a. ... es un servidor disponible para *Linux.*
    b. ... es un servidor disponible para *Windows.*
    c. ... depende de Microsoft.
    d. **Las opciones b y c son correctas.**

11. **PHPMyAdmin...**

    a. ... es un programa para configurar PHP.
    b. **... es un gestor de base de datos.**
    c. ... es un administrador de cuentas de servidor.
    d. Las opciones a y c son correctas.

12. **Un servidor FTP...**

    a. ... sirve para acceder a otros servidores y subir archivos.
    b. ... se instala para convertir el sistema en un servidor de aplicaciones web.
    c. **... permite que un cliente FTP conecte con él para gestionar archivos.**
    d. Todas las opciones son correctas.

13. Los tres entornos básicos son:

    a. Desarrollo, producción y postproducción.
    b. Desarrollo, prueba y final.
    c. Prueba, preproducción y producción.
    d. Desarrollo, preproducción y producción.

14. Los logs...

    a. ... muestran información de interés relacionada con la actividad del servidor.
    b. ... como concepto no están restringidos a los servidores.
    c. ... se pueden abrir con un simple editor de texto.
    d. Todas las opciones son correctas.

15. Complete la siguiente oración.

Para que un **documento/archivo/fichero** sea mostrado a través de una petición al **servidor** hay que colocarlo en una **carpeta** dentro del directorio correspondiente.

Solucionario Capítulo 4

1. JavaScript es un lenguaje que se ejecuta en...

    a. **... el cliente.**
    b. ... el servidor.
    c. Ambas son correctas.
    d. JavaScript no es un lenguaje. Es un complemento del navegador.

2. Complete la siguiente oración.

Un código programado en lenguaje de lado del **servidor** se ejecuta en el servidor, respondiendo a una **petición** de un cliente y generando una **página** que será enviada a dicho cliente.

3. Enumere lenguajes de lado de servidor.

PHP, ASP.NET y JSP (tecnología Java) son lenguajes de lado de servidor.

4. ¿Cuáles de los siguientes son tipos de datos en Java?

    a. Tipo entero (int).
    b. Tipo cadena (String).
    c. Tipo real (float).
    d. **Todas las opciones son correctas.**

5. Los paquetes en Java se importan con la palabra clave...

    a. ... package.
    b. **... import.**
    c. ... include.
    d. Todas las opciones son incorrectas.

6. Un applet...

    a. **... es un programa escrito en Java.**
    b. ... se ejecuta en el lado del servidor.
    c. ... necesita de Apache Tomcat para funcionar.
    d. Todas las opciones son correctas.

7. Un descriptor de un servicio web en Java...

    a. ... es un fichero XML.

    b. ... establece los parámetros de conexión con una base de datos.

    c. ... no es editable con un editor de texto.

    d. Todas las opciones son correctas.

8. El fichero de Java necesario en un servicio web llevará la extensión...

    a. ... ".java".

    b. ... ".exe".

    c. ... ".class".

    d. Todas las opciones son correctas.

9. Una aplicación web puede acceder...

    a. ... a una base de datos.

    b. ... a un fichero.

    c. ... únicamente a datos especialmente habilitados para ello en un repositorio.

    d. Las opciones a y b son correctas.

10. Los parámetros básicos para conectar a una base de datos son:

    a. Servidor, base de datos y contraseña.

    b. Servidor, base de datos, tabla y contraseña.

    c. Servidor, base de datos, usuario y contraseña.

    d. Servidor, base de datos, tabla, usuario y contraseña.

11. De las siguientes afirmaciones respecto a los *servlets,* indique cuál es verdadera o falsa.

    a. Pueden estar programados en un lenguaje diferente a Java.

        ☐ Verdadero
        ☑ **Falso**

    b. Requieren de un contenedor como Apache Tomcat.

        ☑ **Verdadero**
        ☐ Falso

c. Solo son invocables a través de la URL, no estando permitido su acceso a través de un formulario.

    ☐ Verdadero
    ☑ **Falso**

d. Se pueden ejecutar en el lado del cliente.

    ☐ Verdadero
    ☑ **Falso**

12. Las transacciones en una base de datos...

a. ... requieren una activación mediante la palabra clave trans.
b. ... permiten acceder a cualquier estado anterior de una base de datos.
c. **... sirven para que esta se mantenga consistente.**
d. Todas las opciones son correctas.

13. Relacione los siguientes elementos.

a. PHP.
b. AJAX.
c. Apache Tomcat.
d. JavaScript.

d. Lenguaje de cliente.
a. Lenguaje de servidor.
b. Lenguaje que permite ejecutar scripts de servidor desde el cliente.
c. Contenedor.

14. ¿Qué es el modelo vista controlador?

Es un patrón de diseño que se basa en tres componentes: modelo, vista y controlador. El modelo contiene los datos y las operaciones de manipulación sobre los mismos, la vista muestra la información y recoge la interacción del usuario, y el controlador es el bloque que coordina a los dos anteriores.

15. Complete la siguiente oración.

Un evento es fruto de una **interacción** del usuario sobre un **componente**, permitiendo la **ejecución** de un código asociado.

Solucionario 5

Acceso a datos en aplicaciones web del entorno servidor

Solucionario Capítulo 1

1. **De las siguientes afirmaciones, indique cuál es verdadera o falsa.**

   a. Un dato es la unidad mínima de información.

   ☐ Verdadero
   ☑ **Falso**

   b. Un modelo de datos es una representación gráfica de datos utilizados en una aplicación.

   ☐ Verdadero
   ☑ **Falso**

   c. Se dice que un campo tiene un valor nulo cuando realmente se desconoce su valor o cuando aún no se le ha dado un valor.
   ☑ **Verdadero**
   ☐ Falso

2. **¿Qué diferencia hay entre una clave primaria, una clave candidata y una superclave?**

   Una superclave es un conjunto de atributos que identifica de forma única un registro. Una clave candidata es una superclave que contenga el menor número de atributos posible. Una clave primaria es, de entre las claves candidatas de menor tamaño, la escogida por el analista informático por motivos de idoneidad, rendimiento o relevancia.

3. **Se necesita crear una web que gestione la cartera de valores de los usuarios registrados. Las condiciones son:**

   a. Cada usuario cuenta con un nombre (único), contraseña y dirección de e mail (única).
   b. Cada empresa cotizada cuenta con un identificador único y un nombre completo.
   c. Un usuario tiene una cartera, la cual está compuesta de valores.
   d. Cada valor corresponde a una empresa, un número de títulos y un valor de compra.

Se le pide que dibuje el diagrama de entidad relación que permitiría crear una base de datos que gestione esa información.

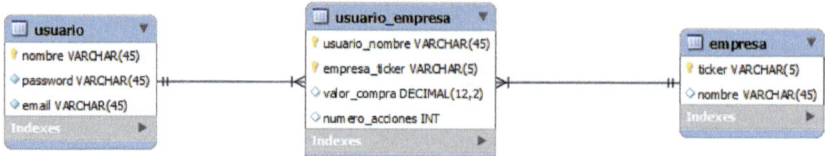

e. Cree el modelo lógico de datos tras haber completado el modelo entidad/relación. Identifique las claves candidatas de la tabla de usuarios y explique por qué utiliza como clave primaria una u otra.

usuario (nombre, password, email)

empresa (ticker, nombre)

usuario_empresa (usuario_nombre [foránea de usuario], empresa_ticker [foránea de empresa], valor_compra, numero_acciones)

Las claves candidatas son nombre y *e-mail*. Ambas son igual de buenas. Utilizo el nombre de usuario como clave primaria porque típicamente tendrá un valor más corto.

4. Se necesita ampliar una aplicación para que solo determinadas partes de la misma sean accesibles por los usuarios, dependiendo de sus permisos. Se cuenta con usuarios (nombre, contraseña, fecha de creación). La aplicación se compone de secciones (nombre de sección). Cada sección puede tener subsecciones dentro, en una estructura anidada. Se desea controlar a qué secciones puede acceder cada usuario. Cree un modelo entidad/relación que permita crear un modelo de datos que contemple este caso.

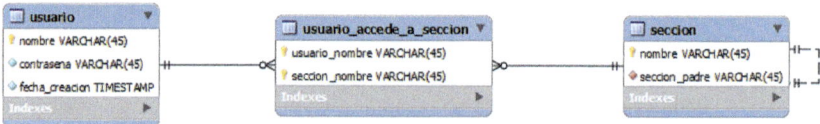

5. **Cree un diagrama entidad/relación para un foro de Internet. Este es el enunciado:**

El foro se divide en subforos. Solo se permite un nivel de anidamiento. Un subforo se identifica por su nombre. Dentro de cara subforo, los usuarios (nombre, contraseña, e-mail, fecha creación. Nombre y e-mail son únicos) abren conversaciones (título, fecha creación). Una conversación tendrá varios mensajes. Siempre tendrá al menos uno (el mensaje incluido por el creador de la conversación). Un mensaje puede ser independiente o estar enviado en respuesta a otro mensaje de la misma conversación. Cada mensaje tiene un ID auto numérico generado por el sistema.

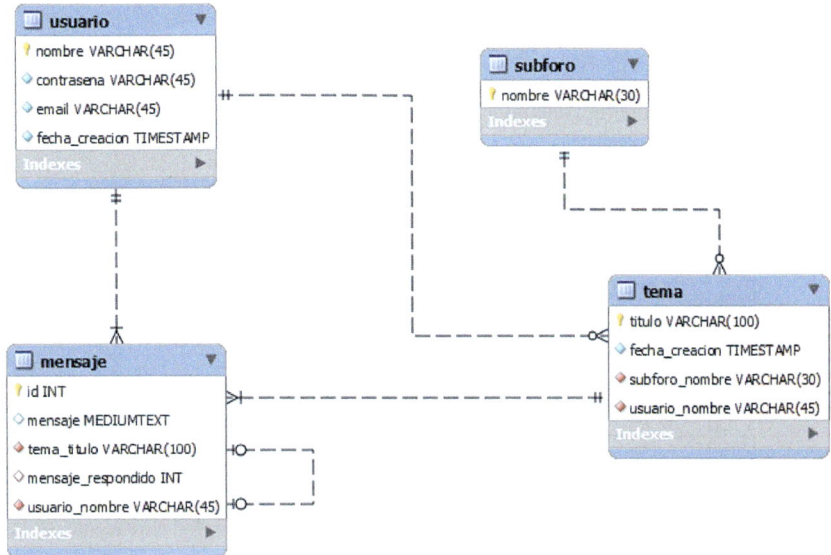

6. **Dibuje el diagrama entidad/relación del siguiente problema:**

   a. Se cuenta con países, los cuales tienen nombre y código identificativo de tres caracteres.
   b. Cada país tiene una serie de estados/comunidades autónomas (dependiendo del país). Se desea guardar el nombre de cada estado. Hay países sin estados, en este caso se guardaría en la base de datos un estado del mismo nombre que el país, con el fin de hacer funcionar la aplicación correctamente. Por lo que cada país tendrá al menos un estado.
   c. Cada estado tiene una serie de condados o provincias (dependiendo del país). De las provincias se quiere guarda su nombre y unas coordenadas GPS para saber dónde se encuentran.

d. Pista: cada nombre de estado o condado no es único, porque se puede repetir en otro país. Las relaciones deben hacerse mediante entidades débiles por identificación.

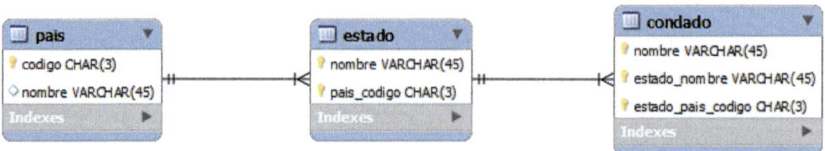

7. Normalice la siguiente tabla argumentando cada paso.

Cliente	Teléfono	Área nombre	Área código	Área país
John Murphy	084988438 081288484	Cork	COR	Irlanda
Ryan Murray	074747747	Londres	LON	UK
Marisa Mayers	0748848	Londres	LON	UK

1FN: no se encuentra en 1FN puesto que un mismo cliente tiene varios teléfonos en la misma tabla. Se crearía una tabla que relacionara clientes con números de teléfono.

2FN: no se encuentra en 2FN. La clave primaria es "Cliente". Los atributos "área nombre" y "área país" dependen de "área código", no del cliente. Se crearía una tabla con la lista de áreas.

3FN: la tabla se encontraría en 3FN puesto que no hay dependencias transitivas al haber hecho el paso explicado en el paso 2FN.

FNBC: no hay claves compuestas, por lo que está en FNBC.

4FN: no hay dependencias multivaluadas, por lo que está en 4FN.

5FN: no se ven requisitos especiales en la tabla, por lo que está en 5FN.

En total, las tablas quedarían así:

Tabla clientes

Cliente	Área código
John Murphy	COR
Ryan Murray	LON
Marisa Mayers	LON

Tabla áreas

Área código	Área nombre	Área país
COR	Cork	Irlanda
LON	Londres	UK

Tabla cliente_telefono

Cliente	Teléfono
John Murphy	084988438
John Murphy	081288484
Ryan Murray	074747747
Marisa Mayers	0748848

8. ¿Se encuentra la siguiente tabla normalizada? Razone la respuesta:

Torneo	Ganador	Finalista	Resultado
Indian Wells	Rafael Nadal	Juan Martín del Potro	4-6, 6-3, 6-4
Miami	Andy Murray	David Ferrer	2-6, 6-4, 7-6(1)
Montecarlo	Novak Djokovic	Rafael Nadal	6-2, 7-6(1)
Madrid	Rafael Nadal	Stanislas Wawrinka	6-2, 6-4
Roma	Rafael Nadal	Roger Federer	6-1, 6-3

Sí, está perfectamente normalizada.

9. ¿Se encuentra la siguiente tabla normalizada? Razone la respuesta:

Temporada	Jugador	Nacionalidad	Goles
2006/07	Kaká (AC Milán)	Brasil	10
2007/08	Cristiano Ronaldo (Manchester United FC)	Portugal	8
2008/09	Lionel Messi (FC Barcelona)	Argentina	9
2009/10	Lionel Messi (FC Barcelona)	Argentina	8
2010/11	Lionel Messi (FC Barcelona)	Argentina	12
2011/12	Lionel Messi (FC Barcelona)	Argentina	14
2012/13	Cristiano Ronaldo (Real Madrid CF)	Portugal	12

No, no se encuentra normalizada porque la nacionalidad no depende del año, sino del jugador. Se crearía una tabla de jugadores y se movería la nacionalidad ahí. Quedaría así:

Tabla goleadores_champions:

Temporada	Jugador	Goles
2006/07	Kaká (AC Milán)	10
2007/08	Cristiano Ronaldo (Manchester United FC)	8
2008/09	Lionel Messi (FC Barcelona)	9
2009/10	Lionel Messi (FC Barcelona)	8
2010/11	Lionel Messi (FC Barcelona)	12
2011/12	Lionel Messi (FC Barcelona)	14
2012/13	Cristiano Ronaldo (Real Madrid CF)	12

Tabla jugadores

Jugador	Nacionalidad
Kaká (AC Milán)	Brasil
Cristiano Ronaldo (Manchester United FC)	Portugal
Lionel Messi (FC Barcelona)	Argentina
Lionel Messi (FC Barcelona)	Argentina
Lionel Messi (FC Barcelona)	Argentina
Lionel Messi (FC Barcelona)	Argentina
Cristiano Ronaldo (Real Madrid CF)	Portugal

La tabla goleadores_champions contendría una clave foránea apuntando a esta nueva tabla.

10. Determine las claves candidatas y la clave primaria óptima de la tabla de noticias.

Título	URL	Texto	Fecha
Carrera de atletismo	http://www.example.com/2010/ carrera-atletismo.html	Una carrera de atletismo en la ciudad. Ganí Usain Bolt	27/08/2010
Concurso de tartas	http://www.example.com/2012/ concurso-tartas.html	El próximo jueves tendrá lugar un concurso de tartas en la plaza del pueblo.	05/03/2012

La única clave candidata sería la URL, puesto que el título es posible que cambie. Depende de cómo lo vea el analista podrá incluir título como clave candidata o no.

11. Determine las claves candidatas de la siguiente tabla de piezas.

Departamento	Código	Nombre	Dimensiones	Precio neto
AUDI	023	Recambio limpiaparabrisas	40 x 5	7.99
AUDI	020	Filtro aire	20 x 15	2.99
SEAT	023	Catalizador	50 x 30	129
VW	080	Catalizador	45 x 35	150

La única clave candidata sería (departamento, código). Se podría pensar en (código, nombre) pero no es fiable.

12. Cree un fichero de datos que sirva para guardar los datos de transacciones con tarjetas de crédito. Los campos serán: ID transacción, número de tarjeta, fecha caducidad, código de seguridad (tres dígitos), cantidad y fecha. Utilice un fichero de texto delimitado por tabuladores.

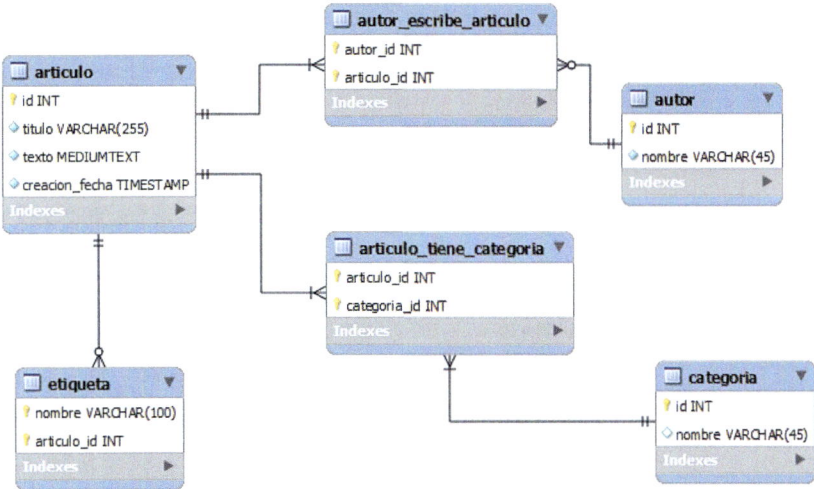

13. Escriba el enunciado que habría supuesto crear este diagrama de entidad/relación:

El enunciado sería:

Se va a crear una aplicación que gestione artículos. Un artículo tiene un ID único, un título, texto y una fecha de creación. Un autor tiene un ID único y un nombre. Un artículo está escrito por varios autores. Un autor puede no haber escrito nada aún, pero un artículo debe estar escrito por algún autor siempre.

Una categoría tiene un ID único y un nombre. Un artículo tiene varias categorías asignadas. Todas las categorías tienen artículos asignados, de lo contrario no existirían.

Un artículo puede tener varias etiquetas (palabras clave). Una etiqueta es simplemente una cadena de texto libre.

14. Escriba el enunciado que habría supuesto crear este diagrama de entidad/ relación:

Tenga en cuenta que solo se lista la clave primaria de cada entidad para que sea más sencillo. Solo es necesario que se centre en las relaciones.

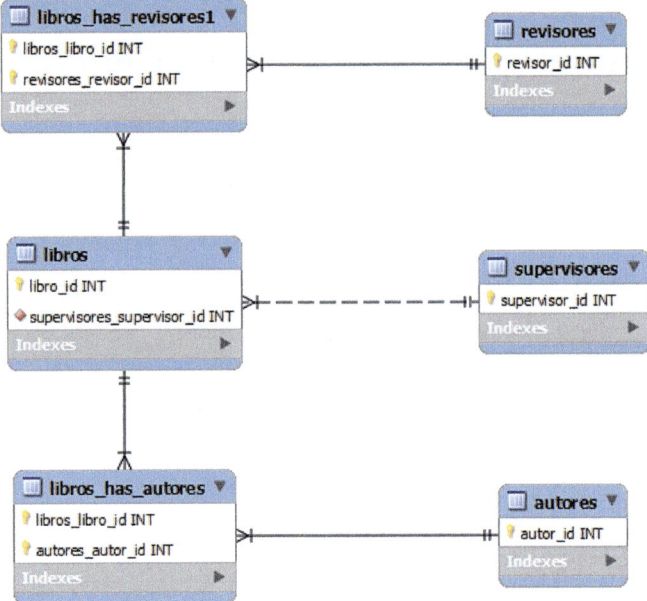

El enunciado sería:

I Un libro tiene un único revisor. Un revisor puede revisar varios libros.
I Un libro tiene varios autores, al menos uno. Un autor puede haber escrito varios libros.
I Un libro puede tener varios revisores y un revisor revisa varios libros.

15. Dibuje, utilizando MySQL WorkBench, el siguiente enunciado:

Va a desarrollarse un programa de reproducción multimedia. Para ello, se cuenta con el siguiente documento explicativo:

- Hay canciones. Las cuales tienen un título, artista, álbum, duración, ruta al archivo del sistema y tamaño en bytes.
- De cada artista se quiere guardar su nombre, nacionalidad y la ruta del archivo que contiene una foto del mismo (opcional). Se desea poder distinguir si un artista es un cantante solitario o un grupo.
- De cada álbum quiere conocerse el título, el artista que lo creó y el año de lanzamiento.
- El álbum puede estar creado por un artista, pero que una de las canciones del álbum la cante otro artista. Hay una doble relación entre canciones y artistas, una a través del álbum y otra a través de la canción por sí misma.
- Se quiere que las tablas se encuentren normalizadas, por lo que las tablas de canciones, artistas y álbumes deben estar relacionadas entre sí correctamente.

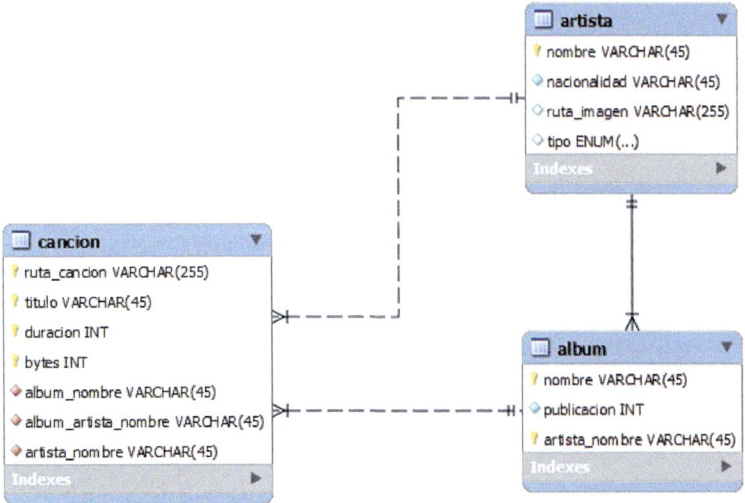

Solucionario Capítulo 2

1. De los siguientes nombres, indique cuál es un SGBD.

    a. XML
    b. MySQL
    c. Oracle
    d. Oracle Database

2. Un SGBD es un conjunto de programas cuyo propósito es gestionar bases de datos relacionales.

    ☐ Verdadero
    ☑ **Falso**

3. ¿Qué diferencia hay entre el gestor de almacenamiento y el gestor de consultas de un SGBD?

Que el gestor de almacenamiento trabaja a nivel físico de los datos (bajo nivel) y que el gestor de consultas es una capa entre el usuario y el gestor de almacenamiento que convierte las instrucciones del usuario en código ejecutable por el gestor de almacenamiento.

4. Seleccione cuáles de las siguientes aptitudes debe tener un DBA.

    a. Amplio conocimiento sobre redes informáticas.
    b. Capacidad de comunicarse tanto con personas de perfil técnico como con personas no técnicas.
    c. Conocimiento del modelo relacional y sobre normalización.
    d. Conocimiento de algún lenguaje de programación.

5. ¿Qué se busca al crear un índice en una tabla?

    a. Evitar accesos repetitivos.
    b. Determinar la ubicación de un dato sin tener que leer los demás.
    c. Colocar los datos más utilizados en memoria para un acceso más rápido.
    d. Todas las opciones son correctas.

6. ¿Qué es la cardinalidad de un índice?

    a. El número de pasos que debe dar el motor de almacenamiento para determinar dónde se encuentra un dato físicamente.

    b. El número de valores distintos por los cuales agrupa los datos que contiene.

    c. El tamaño que ocupa un índice en el soporte físico que se utilice (normalmente, un disco duro).

    d. Las opciones a y b son correctas.

7. ¿Cuál de las siguientes situaciones supondría un riesgo en la seguridad de un SGBD y, por lo tanto, debe estar cubierta por el DBA?

    a. Borrado accidental de una tabla.

    b. Un servidor de base de datos recibiendo un volumen de peticiones inesperado.

    c. Un usuario leyendo datos de una tabla que se supone que es privada.

    d. Todas las opciones son correctas.

8. Tanto la creación como la restauración de copias de seguridad es responsabilidad del DBA.

    ☑ **Verdadero**
    ☐ Falso

9. ¿Qué es más importante?

    a. Que las copias de seguridad sean fáciles de recuperar.

    b. Que las copias de seguridad se efectúen con mucha frecuencia.

    c. Que las copias de seguridad se guarden en un soporte físico distinto al que utiliza el SGBD.

10. ¿En qué consiste la replicación?

La replicación consiste en añadir nuevos servidores con una copia exacta de la base de datos de tal manera que estos servidores se puedan repartir el trabajo.

11. **Los sistemas de replicación solo están disponibles en SGBD de alto rendimiento y de pago.**

  ☐ Verdadero
  ☑ **Falso**

12. **¿Por qué son útiles las transacciones?**

Porque aseguran que las operaciones se realizan de forma completa. Garantizan que no habrá tareas a medio hacer que puedan corromper los datos y hacer que pierdan coherencia.

13. **¿Cuál de estas situaciones puede suponer un problema serio de rendimiento en un SGBD?**

  a. Ausencia de índices.
  b. Muchas transacciones bloqueadas
  c. Muchos usuarios leyendo datos al mismo tiempo.
  d. **Todas las opciones son correctas.**

14. **A la hora de escoger un SGBD hay que centrarse principalmente en su precio y su rendimiento:**

  ☐ Verdadero
  ☑ **Falso**

15. **¿Es cierto que, normalmente, cuando se escoge un SGBD no hay vuelta atrás y por eso es importante seleccionarlo correctamente desde el principio?**

  a. **Sí hay vuelta atrás, pero dependiendo de cuándo se haga el cambio puede requerir un costoso periodo de migración.**
  b. Sí hay vuelta atrás y es muy sencillo cambiarlo, porque todos utilizan SQL, que es estándar. Simplemente habría que cambiar los datos de conexión a la base de datos.

c. No hay vuelta atrás. Habría que hacerlo todo desde cero. Todos los SGBD utilizan SQL, pero los dialectos de este lenguaje son tan diferentes que no es viable una migración.

d. Hay vuelta atrás, pero no compensa. Cuando se escoge un SGBD, se puede decir que es una decisión definitiva.

Solucionario Capítulo 3

1. **Cree una base de datos de nombre "flota".**

```
CREATE DATABASE flota;
USE flota;
```

2. **Cree tres tablas, de nombres "vehiculo", "conductor" y "vehiculo_conductor"**

Un vehículo puede ser conducido por varios conductores. Se necesita guardar la fecha en la que cada conductor empieza a conducir ese vehículo.

La tabla vehículo cuenta con los campos matrícula (clave primaria), número de bastidor (clave única), una marca y un modelo. Además, tiene un campo con la fecha de la próxima revisión. Puede estar nula, en caso de no saberse.

La tabla de conductores tiene los campos nombre completo, ID autonumérico, fecha de caducidad de su permiso de conducir y el nombre de su puesto en la empresa.

La tabla vehiculo_conductor es una tabla fruto de una relación de muchos a muchos. Contiene las claves foráneas de "vehiculo" y "conductor", junto a un campo de fecha que guarda el dato de cuándo ese conductor empieza a utilizar ese vehículo. La clave primaria la forman la matrícula y el ID autonumérico de la tabla vehículo.

Las tablas deben estar en InnoDB.

```sql
CREATE TABLE vehiculo (
    matricula VARCHAR(10) PRIMARY KEY,
    numero_bastidor VARCHAR(25) UNIQUE,
    marca VARCHAR(50) NOT NULL,
    modelo VARCHAR(50) NOT NULL,
    fecha_proxima_revision DATE NULL
) ENGINE=InnoDB;

CREATE TABLE conductor (
    id INT UNSIGNED AUTO_INCREMENT PRIMARY KEY,
    nombre_completo VARCHAR(100) NOT NULL DEFAULT '',
    fecha_caducidad_permiso DATE NOT NULL,
    nombre_puesto VARCHAR(50)
) ENGINE=InnoDB;

CREATE TABLE vehiculo_conductor (
    vehiculo_matricula VARCHAR(10) NOT NULL,
    conductor_id INT UNSIGNED NOT NULL,
    fecha DATE NOT NULL,

    CONSTRAINT pk_vehiculo_conductor PRIMARY KEY (vehiculo_matricula, conductor_id),
    CONSTRAINT fk_vehiculo FOREIGN KEY (vehiculo_matricula) REFERENCES vehiculo(matricula),
    CONSTRAINT fk_conductor FOREIGN KEY (conductor_id) REFERENCES conductor(id)
) ENGINE=InnoDB;
```

3. Modifique la tabla de vehículos y añada un índice simple que englobe las columnas de marcas y modelos. Se utilizará para agilizar las búsquedas más adelante.

```sql
ALTER TABLE vehiculo ADD INDEX(marca, modelo);
```

4. Inserte registros de prueba en las tres tablas. Utilice sentencias INSERT extendidas (de varias filas por sentencia). Que haya al menos cuatro vehículos y cuatro conductores. Haga que no todos los conductores hayan empezado a usar algún vehículo, solo algunos.

```
INSERT INTO vehiculo
(matricula, numero_bastidor, marca, modelo, fecha_proxima_revision)
VALUES
('1122HDR', '123456789123', 'FIAT', 'PUNTO', '2014-12-01'),
('6824GGG', '3214567489123', 'VOLKSWAGEN', 'EOS', '2016-08-07'),
('8579PFV', '788778757575', 'FIAT', 'TEMPRA', '2015-07-10'),
('9514IUY', '442143214321', 'OPEL', 'CORSA', '2016-06-16'),
('7531MNA', '78973412312', 'SEAT', 'LEON', '2017-05-21'),
('8526NNN', '8497295853458', 'RENAULT', 'LAGUNA', '2015-03-25'),
('4521EER', '32182319058349', 'RENAULT', 'CLIO', '2014-08-17'),
('7931BYH', '5314985434985', 'VOLKSWAGEN', 'PASSAT', '2016-01-25');

INSERT INTO conductor
(nombre_completo, fecha_caducidad_permiso, nombre_puesto)
VALUES
('Raúl Gómez', '2015-01-20', 'COMERCIAL'),
('Teresa Aldanez', '2016-10-10', 'TRANSPORTISTA'),
('Jose María González', '2020-05-01', 'TRANSPORTISTA'),
('María Pelaez', '2018-06-15', 'GESTIÓN CALIDAD');

INSERT INTO vehiculo_conductor
(vehiculo_matricula, conductor_id, fecha)
VALUES
('1122HDR', 1, '2012-06-18'),
('1122HDR', 2, '2011-10-12'),
('6824GGG', 3, '2010-05-01'),
('6824GGG', 4, '2010-04-01'),
('6824GGG', 2, '2010-03-01'),
('9514IUY', 3, '2013-01-10'),
('7531MNA', 1, '2013-01-10'),
('8526NNN', 2, '2013-01-10'),
('4521EER', 4, '2013-01-10');
```

5. Modifique el conductor cuyo valor de la clave primaria sea 1. Aumente su fecha de validez del carné de conducir en 10 años (no lo haga manualmente, sino utilizando DATE_ADD).

```
UPDATE conductor SET fecha_caducidad_permiso = DATE_ADD(fecha_caducidad_permiso, INTERVAL 10 YEAR) WHERE id = 1;
```

6. Escriba una consulta que devuelva todas las marcas de vehículo existente. Sin duplicados.

```
SELECT DISTINCT marca FROM vehiculo;
```

7. Escriba una consulta que muestre los conductores por orden de fecha de validez del permiso de conducir. Que muestre los 2 conductores que primero vayan a tener el permiso caducado.

```
SELECT *
FROM conductor
ORDER BY fecha_caducidad_permiso
LIMIT 2;
```

8. Escriba una consulta que muestre los conductores que tengan de apellido "Gómez" (puede no haber ninguno).

```
SELECT *
FROM conductor
WHERE nombre_completo LIKE '% Gómez%';
```

9. Escriba una consulta que devuelva las columnas: matrícula, fecha de inicio de utilización del vehículo y nombre del conductor.

```
SELECT matricula, vehiculo_conductor.fecha, nombre_completo
FROM vehiculo
INNER JOIN vehiculo_conductor ON vehiculo_conductor.vehiculo_matricula = vehiculo.matricula
INNER JOIN conductor ON conductor.id = vehiculo_conductor.conductor_id;
```

10. Escriba una consulta que muestre la matrícula de cada vehículo junto al número de conductores diferentes que lo han utilizado. Si nadie lo ha utilizado, que muestre un cero.

```
SELECT matricula, COUNT(DISTINCT vehiculo_conductor.conductor_id) AS conductores_diferentes
FROM vehiculo
LEFT JOIN vehiculo_conductor ON vehiculo_conductor.vehiculo_matricula = vehiculo.matricula
GROUP BY matricula;
```

11. Escriba una consulta que muestre los datos de los vehículos que tengan que pasar la revisión antes de la media (pista: utilice DATEDIFF).

```
SELECT *
FROM vehiculo
WHERE DATEDIFF(fecha_proxima_revision, CURDATE()) < (
  SELECT AVG(DATEDIFF(fecha_proxima_revision, CURDATE()))
  FROM vehiculo
);
```

12. Escriba una consulta que muestre los datos de los vehículos que tengan que pasar la revisión antes de la media de su marca.

```sql
SELECT *
FROM vehiculo
WHERE DATEDIFF(fecha_proxima_revision, CURDATE()) < (
  SELECT AVG(DATEDIFF(e2.fecha_proxima_revision, CURDATE()))
  FROM vehiculo e2
  WHERE e2.marca = vehiculo.marca
);
```

13. Cree una vista que contenga únicamente los vehículos que no han sido utilizados por nadie.

```sql
CREATE VIEW vehiculos_no_utilizados
AS
SELECT *
FROM vehiculo
LEFT JOIN vehiculo_conductor ON vehiculo_conductor.vehiculo_matricula = vehiculo.matricula
WHERE vehiculo_conductor.fecha IS NULL;
```

14. Cree un usuario de nombre 'alex' que tenga permiso para ver todas las tablas de la base de datos 'flota' pero que solo pueda ver los datos, que no pueda modificar nada.

```sql
CREATE USER 'alex'@'localhost' IDENTIFIED BY 'alex';
GRANT SELECT ON flota.* TO 'alex'@'localhost';
```

15. **Escriba una consulta que muestre los conductores cuya fecha de caducidad del carné de conducir sea mayor a 2015. A continuación, razone cómo se podría mejorar el rendimiento de la consulta en caso de que la tabla tuviera miles de registros.**

```
SELECT * FROM conductor WHERE fecha_caducidad_permiso >= '2015-01-01';
```

El razonamiento es que añadiendo un índice sobre la columna 'fecha_caducidad_permiso' se podría aumentar el rendimiento significativamente. No se debería utilizar WHERE YEAR(fecha_caducidad_permiso) ≥ '2015' porque entonces no se aprovecharía ese índice.

Solucionario Capítulo 4

1. ¿De qué lenguaje proviene el XML?

   a. Del SGML
   b. Del HTML
   c. Del XHTML

2. Determine si las siguientes afirmaciones son verdaderas o falsas:

   a. El DOM es un API que permite manipular documentos HTML y XML.

   ☑ **Verdadero**
   ☐ Falso

   b. Solo es necesario cerrar una etiqueta abierta cuando esta tiene contenido dentro.

   ☐ Verdadero
   ☑ **Falso**

   c. Los únicos atributos cuyo valor va entre comillas son los que contienen texto. No es necesario utilizar comillas para valores numéricos o booleanos.

   ☐ Verdadero
   ☑ **Falso**

   d. El fin de la web semántica es que cada elemento aporte información entendible por aplicaciones informáticas, además de por humanos.

   ☑ **Verdadero**
   ☐ Falso

3. ¿Qué ocurre si el contenido de una etiqueta contiene caracteres especiales como > o <?

   a. No pasa nada.
   b. Es posible escapar esos caracteres utilizando > y <.
   c. Puede encerrarse todo el contenido entre las etiquetas CDATA.
   d. No es posible almacenar esa información.

4. ¿Cuál es el papel del W3C con respecto al XML?

Especificar toda la sintaxis oficial de XML y regular todos los estándares asociados a XML.

5. ¿Por qué XML está tan extendido y se utiliza en tantos ámbitos distintos?

Porque su sintaxis es fácil de leer tanto por parte de humanos como por computadores. Además, su estructura anidada permite representar esquemas jerárquicos con facilidad, lo cual resulta muy útil.

6. ¿Qué es el siguiente documento?

```
<!ELEMENT noticia (descripcion)>
<!ELEMENT descripcion (#CDATA)>
<!ELEMENT url (#CDATA)>
```

  a. Una declaración DTD
  b. Un documento XML Schema
  c. Una hoja de estilos XML (XSL).

7. Las hojas de estilos son útiles principalmente porque...

  a. ... permiten dar un diseño más vistoso al leer un documento XML.
  b. ... permiten especificar qué elementos deben aparecer en un documento XML junto a la lista de restricciones.
  c. ... permiten convertir un documento XML a otro formato.

8. ¿Qué ventajas aporta XHTML con respecto a HTML?

Que puede utilizarse cualquier herramienta XML para procesar documentos XHTML y la sintaxis es mucho más estricta, por lo que estos documentos son mucho más fáciles de leer.

9. XPath se utiliza para...

    a. ... manipular documentos XML

    b. ... seleccionar uno o varios elementos de un documento XML.

    c. Es una alternativa al DOM.

10. Dado el siguiente documento, escriba las expresiones XPath que solucionarían cada caso:

```xml
<?xml version="1.0" encoding="UTF-8"?>
<!DOCTYPE entradas [
  <!ELEMENT libros (libro)>
  <!ELEMENT libro (titulo,autor)>
  <!ELEMENT titulo (#PCDATA)>
  <!ELEMENT autor (nombre,apellidos?)>
  <!ELEMENT nombre (#PCDATA)>
  <!ELEMENT apellidos (#PCDATA)>
]>
<libros>
  <libro codigo="120">
    <titulo>Desarrollo de aplicaciones web</titulo>
    <autor>
      <nombre>Juan</nombre>
      <apellidos>Pérez</apellidos>
    </autor>
  </libro>
  <libro codigo="88">
    <titulo>Programación orientada a Objetos</titulo>
    <autor extranjero="si">
      <nombre>John</nombre>
      <apellidos>McRoberts</apellidos>
    </autor>
  </libro>
  <libro codigo="200">
    <titulo>Programación en entorno del cliente</titulo>
    <autor extranjero="si">
      <nombre>Philip</nombre>
      <apellidos>Stewart</apellidos>
    </autor>
  </libro>
</libros>
```

    a. Acceda al título del libro cuyo código sea 88.

    //libro[@codigo="120"]/titulo/text()

    b. Acceda al segundo libro de la lista.

    //libro[2]

c. Acceda a los libros cuyo autor sea extranjero.

//libro/autor[@extranjero="si"]/..

11. ¿Qué propósito tiene el lenguaje XQuery?

Poder utilizar XPath con varios documentos XML de forma simultánea. Al estar desarrollado pensando en XML en todo momento, es mucho más potente y fácil de utilizar que si se tuvieran que combinar los documentos XML a mano utilizando otro lenguaje de servidor o procesando el DOM. Esto contribuye directamente en el rendimiento también, porque está optimizado al 100% para hacer este tipo de tareas.

12. Los estándares de XML Signature y XML Encryption requieren herramientas externas para ser generados:

☑ **Verdadero**
☐ Falso

13. El estándar RSS se utiliza para...

a. ... proporcionar una fuente de información actualizada con enlaces a un sitio web.
b. ... contener las últimas noticias de un periódico.
c. ... compartir el contenido de un sitio web utilizando un formato único, de tal forma que pueda ser utilizado en cualquier otra plataforma.
d. **Todas las opciones son correctas.**

14. ¿Los documentos XML se pueden crear y leer desde cualquier lenguaje de programación del entorno del servidor?

a. **Sí, todos suelen contar con librerías que permiten trabajar con estos documentos.**
b. Sí, pero es común que haya que pasar el texto a mano para separar la información de tal manera que sea usable.
c. No. Solo PHP y JSP cuentan con librerías para esto.

15. ¿Para qué sirve AJAX?

AJAX sirve para que un navegador web pueda comunicarse con el servidor web de manera asíncrona, evitando que la página tenga que ser recargada.

Solucionario 6
Desarrollo de aplicaciones web distribuidas

Solucionario Capítulo 1

1. **Indique si las siguientes afirmaciones son verdaderas o falsas.**

    a. Los sistemas distribuidos tienen que ser fiables.

        ☑ **Verdadero**
        ☐ Falso

    b. Por sistema distribuido se entiende un equipo conectado a la red.

        ☐ Verdadero
        ☑ **Falso**

    c. Normalmente el usuario conoce qué o quién está accediendo a un sistema distribuido.

        ☐ Verdadero
        ☑ **Falso**

2. **Nombre las cuatro características que debe cumplir un sistema distribuido.**

    ▪ Transparencia.
    ▪ Escalabilidad.
    ▪ Fiabilidad y tolerancia a fallos.
    ▪ Consistencia.

3. **Cuando se dice que "ni el usuario ni la aplicación tienen que conocer el recurso ni en qué nodo del sistema distribuido se encuentre este" se habla del concepto de...**

    a. ... paralelismo.
    b. ... identificación.
    c. ... réplicas o cantidades de recursos.
    d. **... ubicación física de recursos.**

4. **Complete los espacios libres de la siguiente frase.**

   Cuando se habla de **fiabilidad** se hace referencia a la capacidad que tiene que tener el sistema **distribuido** para realizar las tareas en todo momento correctamente, objetivo con el que ha sido diseñado.

5. **Nombre los objetivos que deben tener los sistemas distribuidos.**

   ▪ Alto rendimiento.
   ▪ Tolerancia a fallos.
   ▪ Alta disponibilidad.
   ▪ Movilidad.
   ▪ Ubicuidad.

6. **Indique si las siguientes afirmaciones son verdaderas o falsas:**

   a. La escalabilidad es una desventaja de los sistemas distribuidos.

   ☐ Verdadero
   ☑ **Falso**

   b. Una ventaja de los sistemas distribuidos es la gestión de seguridades.

   ☐ Verdadero
   ☑ **Falso**

7. **Cuando se afirma que "ni el usuario ni las aplicaciones tienen por qué saber que están frente a un sistema distribuido" se habla del concepto de...**

   a. ... fiabilidad y tolerancia a fallos.
   b. **... transparencia.**
   c. ... escalabilidad.
   d. ... consistencia.

8. Si un recurso de un sistema distribuido intenta ser accedido al mismo tiempo por varias aplicaciones no tiene que haber efecto alguno sobre dicho recurso. Esta afirmación se refiere al concepto de...

    a. ... paralelismo.
    b. ... ubicación física de recursos.
    c. ... compartición de recursos.
    d. ... rendimiento.

9. Complete los espacios libres de la siguiente frase:

La **tolerancia** a fallos es cuando se produce un fallo, tener la capacidad de seguir **operando** correctamente **ocultando** o enmascarando dicho fallo. De hecho la tolerancia a fallos implica dos factores: **detectar** el fallo y **continuar** con el servicio dado.

10. Cuando se dice que "los recursos de un sistema distribuido están libremente distribuidos" se está hablando del concepto o característica de...

    a. ... ubicuidad.
    b. ... alto rendimiento.
    c. ... alta disponibilidad.
    d. ... tolerancia a fallos.

11. La autoridad de certificación...

    a. ... es la encargada de firmar las claves públicas.
    b. ... verifica el tipo de algoritmo que se va a usar para el cifrado del mensaje.
    c. ... no hace verificaciones, simplemente emite certificados a quien los pida.
    d. ... verifica la identidad del solicitante de un certificado antes de su expedición.

12. En los criptosistemas asimétricos se tiene...

    a. ... 1 clave privada.
    b. ... 1 clave pública.
    c. ... 2 claves, una privada y otra pública.
    d. ... en este tipo de criptosistemas no se usan claves.

13. Los cuatro principios básicos de seguridad informática son:

- Confidencialidad de datos.
- Integridad de datos.
- Autenticidad del emisor.
- Comunicación entre emisor y receptor de datos.

14. REST...

a. ... es una operación sobre recursos disponible en SOA.

b. ... es una arquitectura de técnicas *software* para sistemas distribuidos.

c. ... forma parte del encabezado de un mensaje SOAP.

d. ... es un símbolo perteneciente al lenguaje XML.

15. Nombre al menos cuatro de los estándares más comunes en los servicios web:

- www.
- XML.
- SOAP.
- XML-RPC.
- HTTP.
- FTP.
- SMTP.
- WSDL.
- UDDI.
- WS-Security.

Solucionario Capítulo 2

1. **Indique si las siguientes afirmaciones son verdaderas o falsas.**

   a. DCOM es una tecnología creada por Microsoft para el desarrollo de componentes *software* distribuidos sobre varios equipos y que se comunican entre sí.

      ☑ **Verdadero**
      ☐ Falso

   b. IIOP fue creado con la idea de intentar simplificar el desarrollo de aplicaciones web.

      ☐ Verdadero
      ☑ **Falso**

   c. Java Remote Method Invocation es un mecanismo que pone Java a disposición del usuario para invocar métodos de manera remota.

      ☐ Verdadero
      ☑ **Falso**

2. **Nombre los componentes *software* que se necesitan implementar en el servicio web distribuido.**

   ▪ Lógica de aplicación.
   ▪ Presentación.
   ▪ Base de datos.

3. **El componente de presentación en un servicio web...**

   a. ... es el encargado de procesar la información que el usuario introduce en la aplicación o componente anterior.
   b. ... está compuesto por los archivos que contienen los datos de la aplicación que el usuario maneja y sobre la cual hace operaciones para obtener determinados datos.

c. ... es el que maneja el usuario final y lleva a cabo el procesamiento de los datos y su devolución hacia el servidor.

d. Todas las opciones son incorrectas.

4. Complete los espacios libres de la siguiente frase.

Una web **semántica** está formada por un conjunto de tareas incluidas en la WWWC mediante la cual se van a poder **publicar** los datos que sean legibles de forma automática por otras aplicaciones **informáticas**.

5. Indique en qué escenarios se usará la arquitectura de dos capas.

■ Cuando haya poco requerimiento de datos.
■ Cuando se tenga la base de datos centralizada en un solo servidor.
■ Cuando la base de datos sea estática.
■ Cuando se requiere un mínimo de mantenimiento del sistema.

6. Señale la respuesta correcta de las siguientes afirmaciones.

a. **Gracias al servicio de Publicación/Suscripción se va a conseguir que las aplicaciones no estén íntimamente unidas a una determinada tecnología.**

b. Gracias al servicio de Publicación/Suscripción se va a conseguir que las aplicaciones estén íntimamente unidas a una determinada tecnología.

c. El servicio de Publicación/Suscripción se basa en la gestión de agentes de usuario.

d. Todas las opciones son incorrectas.

7. La web semántica no se basa en el componente...

a. ... RDF.
b. **... WSDL.**
c. ... XML Schema.
d. ... OWL.

8. Si se habla de "lenguaje mediante el cual se van a implementar ontologías" se está hablando de...

    a. ... XML.
    b. ... SPARQL.
    c. ... **OWL.**
    d. ... RDF Schema.

9. Complete los espacios libres de la siguiente frase.

Hay que hacer mención a la arquitectura **Cliente/Servidor** (sistema donde el cliente es un **equipo** que solicita un determinado servicio al servidor que es otro equipo que lo **proporciona**). Un servicio puede ser un determinado programa o el acceso a unos datos específicos y a sus diferentes **arquitecturas**.

10. Si se dice que "se trata de un lenguaje de consulta de datos, en concreto de los datos generados por el RDF" se está haciendo referencia a...

    a. ... **SPARQL.**
    b. ... OWL Lite.
    c. ... OWL.
    d. ... RDF.

11. Si se dice que "va a servir para definir ontologías que requieran una clasificación jerárquica y que sus restricciones sean bastante simples" se está haciendo referencia a...

    a. ... OWL Full.
    b. ... OWL DL.
    c. ... **OWL Lite.**
    d. Todas las opciones son incorrectas.

12. Si se dice que "va a servir para obtener el máximo de expresividad, pero sin ninguna garantía computacional" se está haciendo referencia a...

    a. ... OWL Lite.
    b. ... OWL DS.
    c. ... **OWL Full.**
    d. Todas las opciones son incorrectas.

13. La cláusula "Where" de SPARQL...

a. ... devuelve los datos provenientes de una determinada consulta SQL.
b. ... va a proporcionar el patrón básico para la concordancia de datos.
c. ... identifica las variables que aparecen en los resultados de la consulta.
d. Todas las opciones son incorrectas.

14. Nombre las cuatro formas que se tienen de acceder a un servicio web.

- Publicación/Suscripción.
- Repositorios.
- Agentes de usuario.
- Proveedores y consumidores.

15. Indique en qué escenarios se usará la arquitectura de tres capas.

- Cuando se tenga mucho procesamiento de datos en la aplicación.
- En aplicaciones donde la funcionalidad esté cambiando constantemente.
- Cuando los procesos no estén fuertemente relacionados con los datos.
- Cuando se necesite aislar la tecnología de la base de datos para que su mantenimiento (de ambos, base de datos y tecnología) sea fácil de manipular.
- Cuando se necesite separar código del cliente para facilitar su mantenimiento.
- Cuando se use POO (Programación Orientada a Objetos).

Solucionario 7

Implantación de aplicaciones web en entornos internet, intranet y extranet

Solucionario Capítulo 1

1. **De las siguientes afirmaciones, diga cuál es verdadera o falsa.**

   a. Paul Baran en 1964 descubrió el protocolo TCP/IP.

      ☐ Verdadero
      ☑ **Falso**

   b. El primer proyecto con Internet fue conectar 3 universidades y un instituto.

      ☑ **Verdadero**
      ☐ Falso

   c. WWW e Internet, aunque sean palabras distintas, expresan el mismo concepto.

      ☐ Verdadero
      ☑ **Falso**

2. **Nombre, al menos, 4 servicios que brinda Internet.**

   ❙ World Wide Web.
   ❙ Correo electrónico.
   ❙ Transferencia de ficheros.
   ❙ Mensajería instantánea.
   ❙ Chats.
   ❙ Videoconferencias.
   ❙ Comercio electrónico.
   ❙ Bajar programas.
   ❙ Consultar noticias.
   ❙ Acceso a la educación.
   ❙ Redes sociales.

3. **El protocolo usado por la WWW es:**

   a. UDP.
   b. **HTTP.**

c. TCP.

d. SMTP.

4. Complete el siguiente texto.

En cualquier dirección **URL**, se va a encontrar lo primero el **protocolo** que se va a usar para acceder al **recurso** (https, ftp, sftp, etc.) y en segundo lugar un **separador** (:) seguido de dos barras laterales (//) y a continuación la **dirección** en **Internet** de dicho recurso.

5. Una vez recibido un correo electrónico, las operaciones que es posible realizar sobre él son:

1. Reenviar.
2. Archivar.
3. Borrar.
4. Mover a carpeta.
5. Responder.

6. De las siguientes afirmaciones, diga cuál es verdadera o falsa.

a. Aparnet es considerada la antecesora de Internet.

☑ **Verdadero**
☐ Falso

b. Los protocolos HTTP y HTML surgen en la década de los 70.

☐ Verdadero
☑ **Falso**

c. En 1971 surgió el concepto de correo electrónico.

☑ **Verdadero**
☐ Falso

7. El modelo OSI implementa...

    a. ... 4 capas.
    b. ... 5 capas.
    c. ... 6 capas.
    d. ... 7 capas.

8. La capa encargada de garantizar la conexión en el modelo OSI se corresponde con...

    a. ... la capa de enlace de datos.
    b. ... la capa de sesión.
    c. ... la capa física.
    d. ... la capa de transporte.

9. Complete el siguiente texto.

El modelo **TPC/IP** es un modelo de descripción de **protocolos** de red desarrollado en la década de los 70 e implementado en la red **ARPANET**. Este modelo estandariza un conjunto de **reglas** generales para el **diseño** e **implementación** de protocolos de red y para ello ofrece **cuatro** capas de **abstracción**.

10. Cite al menos cuatro protocolos disponibles en Internet.

- HTTP.
- FTP.
- ARP.
- ICMP.
- TCP.
- UDP.
- SMTP.
- TELNET.
- NNTP.

11. Una dirección IP se compone de...

    a. ... 2 octetos de 16 bits cada uno.
    b. ... 3 octetos de 8 bits cada uno.
    c. ... 4 octetos de 16 bits cada uno.
    d. ... 4 octetos de 8 bits cada uno.

12. La dirección IP 122.167.9.1 es:

 a. Red de Clase A.
 b. Red de Clase B.
 c. Red de Clase C.
 d. Red Reservada.

13. Un dominio corresponde a...

 a. ... un estándar para la gestión de servidores DNS y sus bases de datos.
 b. ... el identificador asociado a la base de datos del servidor DNS.
 c. ... una traducción de la IP fácil de recordar para el usuario.
 d. ... no existen los dominios en Internet.

14. Los servidores DNS suelen implementar con...

 a. ... el protocolo HTTP.
 b. ... una base de datos.
 c. ... un recurso de la red.
 d. ... una dirección IP reservada.

15. El comando GET sirve para...

 a. ... poder recuperar la información de la URL.
 b. ... crear una relación o vínculo entre documentos.
 c. ... eliminar una relación o vínculo entre documentos.
 d. ... eliminar el documento especificado del servidor.

Solucionario Capítulo 2

1. **De las siguientes afirmaciones, diga cuál es verdadera o falsa.**

    a. Solo se dispone de dos navegadores: *Mozilla Firefox* y *Microsoft Edge.*

       ☐ Verdadero
       ☑ **Falso**

    b. Para navegar por Internet, se hace uso de los navegadores.

       ☑ **Verdadero**
       ☐ Falso

    c. El mejor navegador de todos es Safari.

       ☐ Verdadero
       ☑ **Falso**

2. **Cite al menos el nombre de cuatro navegadores web.**

    ▌ Microsoft Edge
    ▌ Mozilla Firefox.
    ▌ Opera.
    ▌ Google Chrome.
    ▌ Safari.

3. **La WWW se basa en...**

    a. ... vínculos y direcciones web.
    b. **... hipermedia e hipertexto.**
    c. ... direcciones web.
    d. ... páginas con extensión HTML.

4. Complete el siguiente texto.

El **protocolo** que usa la WWW para **conectar** al cliente con el **servidor** es el protocolo **HTTP** (Hypertext Transfer Protocol) y el lenguaje que se usa para poder **escribir** los documentos o páginas web es el **HTML** (Hypertext Mark-up Language).

5. Para el desarrollo web, ¿de qué hay que tener nociones?

1. Lenguajes de programación.
2. Bases de datos.
3. Protocolo TCP/IP.
4. Lenguaje HTML.
5. Lenguaje XML.

6. De las siguientes afirmaciones, diga cuál es verdadera o falsa.

a. En el sitio web, se puede instalar un servidor de correo.

☑ **Verdadero**
☐ Falso

b. En un sitio web, únicamente convive un sistema.

☐ Verdadero
☑ **Falso**

c. En el sitio web, se puede instalar un servidor de animaciones.

☐ Verdadero
☑ **Falso**

7. Cuando se habla de "saturar al usuario de información", se hace referencia al concepto de...

a. **... detalles.**
b. ... reconocimiento.
c. ... *feedback.*
d. ... integridad.

8. Cuando se habla de "no complicar la existencia al usuario", se hace referencia al concepto de...

    a. ... integridad.
    b. ... redundancia.
    c. ... *feedback.*
    d. ... diseñar para el usuario.

9. Complete el siguiente texto.

Cuando se habla de un ***feedback,*** se hace referencia al hecho de la **iteración**, es decir, que esta sea **visible** por el usuario. ¿De qué vale hacer una **interacción** con el usuario y que este no **perciba** nada? Obviamente, habrá un usuario frustrado que no es capaz de comprender por qué el **servicio** web no interactúa con él.

10. ¿De cuántas capas se dispone en el modelo contiene la presentación, el negocio y los datos?

    a. Una.
    b. Dos.
    c. Tres.
    d. Cuatro.

11. El cliente web...

    a. ... no es una aplicación informática que consume un determinado servicio remoto en otro ordenador.
    b. ... es una aplicación informática que consume un determinado servicio remoto en otro ordenador.
    c. ... es un usuario que consume un determinado servicio remoto en otro ordenador.
    d. ... es un recurso que consume un determinado servicio remoto en otro ordenador.

12. ¿Cuántos tipos de clientes hay disponibles?

    a. Tres.
    b. Dos.
    c. Uno.
    d. Ninguno.

13. Su misión es la de centralizar la información de los usuarios de la red, almacenando su información y estos acceden a la misma de forma remota. Se habla de...

    a. ... servidor de aplicaciones.
    b. ... servidor de archivos.
    c. ... servidor de correo.
    d. ... servidor de datos.

14. De los siguientes *software*, ¿cuál es un servidor web?

    a. *Microsoft Edge.*
    b. *Apache.*
    c. *Ubuntu Server.*
    d. *MySQL Server.*

15. Define la forma en que se muestran los archivos cuando no hay una página principal o índex. Se habla de...

    a. ... IndexOptions.
    b. ... ErrorLog.
    c. ... DirectoryIndex.
    d. ... ErrorDocument XXX.

Solucionario Capítulo 3

1. **De las siguientes afirmaciones, diga cuál es verdadera o falsa.**

   a. La ingeniería del *software* se encarga de estudiar el *hardware* o componentes.

      ☐ Verdadero
      ☑ **Falso**

   b. Una aplicación web es un *software* codificado bajo un determinado lenguaje de programación.

      ☑ **Verdadero**
      ☐ Falso

   c. Para desarrollar aplicaciones web usamos aplicaciones de terminal.

      ☐ Verdadero
      ☑ **Falso**

2. **Nombre los tipos de aplicaciones que hay disponibles.**

   ▮ Aplicaciones de terminal.
   ▮ Aplicaciones de escritorio.
   ▮ Aplicaciones cliente/servidor.
   ▮ Aplicaciones web.

3. **¿Cuántas generaciones de ordenadores hay?**

   a. Dos.
   b. Tres.
   c. Cuatro.
   d. Cinco.

4. Complete el siguiente texto.

Se define una aplicación informática como un tipo de *software* que va a permitir a los usuarios realizar su **trabajo.** Son por tanto programas que permiten la interacción entre el usuario y el **equipo,** permitiendo al usuario escoger entre varias opciones y acciones que el **equipo** puede llevar a cabo para realizar correctamente su trabajo.

5. La generación que usa tubos de vacío es:

    a. La primera.
    b. La segunda.
    c. La tercera.
    d. La cuarta.

6. De las siguientes afirmaciones, diga cuál es verdadera o falsa.

    a. En las primeras computadoras se programaba a bajo nivel.

        ☑ **Verdadero**
        ☐ Falso

    b. Internet lleva presente con nosotros desde la primera generación de ordenadores.

        ☐ Verdadero
        ☑ **Falso**

    c. En la segunda generación de ordenadores se pasa de las tarjetas perforadas al uso de internet.

        ☐ Verdadero
        ☑ **Falso**

7. ¿En qué generación aparecen los circuitos integrados?

    a. Segunda.
    b. Tercera.
    c. Cuarta
    d. Quinta.

8. **Las aplicaciones de terminal no se basan en...**

   a. ... uso de base de datos.
   b. ... interacción con el usuario.
   c. ... desarrollo de aplicaciones informáticas.
   d. **... interfaz gráfica.**

9. **Complete el siguiente texto.**

   Un terminal, también conocido con el sobrenombre de consola, es un dispositivo usado para introducir o mostrar datos en un **equipo informático**. El terminal es un programa que está presente en todos los sistemas **operativos** y por medio de él se va a poder dar órdenes al ordenador a través de su línea de **comandos**.

10. **Las aplicaciones de escritorio...**

    a. ... solo son diseñadas para un ordenador en concreto.
    b. ... no pueden instalarse en más de un ordenador.
    c. **... van a ser instaladas, configuradas y usadas en ordenadores.**
    d. ... son muy lentas dado que no aprovechan los recursos del ordenador.

11. **Las aplicaciones de escritorio...**

    a. ... solo se pueden diseñar para un sistema operativo en concreto.
    b. **... se pueden diseñar para cualquier sistema operativo.**
    c. ... no dependen del sistema operativo que tenga el ordenador.
    d. Todas las opciones son incorrectas.

12. **Si se habla de recursos centralizados se hace referencia a aplicaciones...**

    a. ... web.
    b. **... cliente/servidor.**
    c. ... de terminal.
    d. ... de escritorio.

13. Si se habla de aplicaciones independientes del sistema operativo se hace referencia a...

    a. ... web.
    b. ... cliente/servidor.
    c. ... de terminal.
    d. ... de escritorio.

14. Las aplicaciones de consola...

    a. ... son muy lentas.
    b. ... son muy rápidas.
    c. ... requieren gran interactividad por parte del usuario.
    d. ... dependen fuertemente de la interfaz gráfica.

15. Las aplicaciones más robustas en su diseño son:

    a. De escritorio.
    b. De terminal.
    c. Web.
    d. Todas las opciones son incorrectas.

Solucionario Capítulo 4

1. **De las siguientes afirmaciones, diga cuál es verdadera o falsa.**

   a. A la hora de desarrollar aplicaciones web, lo más común es optar por un IDE particular.

      ☑ **Verdadero**
      ☐ Falso

   b. Los IDE ofrecen todos la misma configuración y funcionalidades, aparte de compartir el mismo aspecto gráfico.

      ☐ Verdadero
      ☑ **Falso**

   c. Todos los IDE son gratuitos.

      ☐ Verdadero
      ☑ **Falso**

2. **Nombre, al menos, cuatro componentes de un IDE.**

   ▮ Editor de texto.
   ▮ Compilador.
   ▮ Intérprete.
   ▮ Depurador.
   ▮ Cliente.
   ▮ Sistema de control de versiones.
   ▮ Asequibilidad en la construcción de GUI.

3. **Cite, al menos, cuatro ejemplos de IDE.**

   ▮ *Eclipse.*
   ▮ *Visual Studio.*
   ▮ *Microsoft Web Developer Express.*
   ▮ *Mono.*
   ▮ *JBuilder.*
   ▮ *NetBeans.*

4. Complete el siguiente texto.

El Modelo Vista Controlador es un modelo fundamentado en la **arquitectura** del *software* cuya misión principal es la división de los datos y la lógica de negocio en la parte correspondiente a la **interfaz** de usuario de una aplicación. Aparte, el MVC también se encargará de gestionar eventos y atender las **comunicaciones**.

5. Se corresponde con la información o datos que maneja el sistema. Se habla de...

    a. **... modelo.**
    b. ... vista.
    c. ... controlador.
    d. ... IDE.

6. De las siguientes afirmaciones, diga cuál es verdadera o falsa.

    a. Inicialmente, MVC fue desarrollado para aplicaciones de escritorio.

        ☑ **Verdadero**
        ☐ Falso

    b. El MVC convierte la aplicación en un modelo modular.

        ☑ **Verdadero**
        ☐ Falso

    c. No se puede modificar una parte sin que afecte al resto en el MVC.

        ☐ Verdadero
        ☑ **Falso**

7. Programa más conocido desarrollado por Adobe y que se basa en la creación y la modificación de gráficos vectoriales y está totalmente orientado a la creación de contenido interactivo. Se habla de...

    a. ... ActionScript.
    b. ... JavaScript.
    c. **... Flash.**
    d. ... Php.

8. **Lenguaje de programación del lado del servidor diseñado para el desarrollo de aplicaciones web con contenido dinámico. Se habla de...**

    a. ... ActionScript.
    b. ... JavaScript.
    c. ... Flash.
    d. ... Php.

9. **Complete el siguiente texto.**

El entorno de desarrollo es el usado por los **programadores** de la aplicación web cuando hay una modificación en la misma (bien porque hay que añadir nuevas características o **aumentar** su potencialidad) y poder solucionar los **errores** que se deriven de la misma.

10. **El entorno donde se realizan pruebas a la aplicación web se corresponde con...**

    a. ... el estándar.
    b. ... la producción.
    c. ... la preproducción.
    d. Todas las opciones son incorrectas.

11. **Este entorno es el que van a utilizar los usuarios para los que se diseña la aplicación web, es decir, será el entorno donde se ejecute la aplicación. Se habla de...**

    a. ... preproducción.
    b. ... producción.
    c. ... diseño.
    d. Todas las opciones son incorrectas.

12. **El entorno desde el cual se recibe información por parte de los usuarios que usan la aplicación web es:**

    a. El estándar.
    b. El desarrollo.
    c. La preproducción.
    d. La producción.

13. Conjunto de instrucciones que se ejecutan en el ordenador para resolver una determinada tarea o programa. Se habla de...

    a. ... **programa.**
    b. ... hoja de estilos.
    c. ... ficheros de configuración.
    d. ... otros documentos.

14. Una hoja de estilos tiene por extensión...

    a. ... ".ide".
    b. ... ".css".
    c. ... ".pdf".
    d. ... ".log".

15. "web.config" pertenece a la categoría de...

    a. ... **ficheros de configuración.**
    b. ... programas.
    c. ... hojas de estilo.
    d. ... otros documentos.

Solucionario Capítulo 5

1. **De las siguientes afirmaciones, diga cuál es verdadera o falsa.**

   a. Cuanta más experiencia se tenga en el desarrollo de pruebas, con más precisión se realizará el diseño de estas.

   ☑ **Verdadero**
   ☐ Falso

   b. Los procesos de prueba garantizan que se entrega la aplicación que se ha diseñado libre de errores.

   ☐ Verdadero
   ☑ **Falso**

   c. Un diseño de proceso de pruebas es menos complicado que el desarrollo de una aplicación específica.

   ☐ Verdadero
   ☑ **Falso**

2. **Nombre los tipos de pruebas que hay.**

   ▮ Funcionales.
   ▮ Estructurales.
   ▮ De integración con sistemas externos.
   ▮ De detección de errores.
   ▮ De seguridad.
   ▮ De rendimiento.
   ▮ De integridad de datos.

3. **Nombre los tipos de pruebas funcionales que hay.**

   ▮ Exploración.
   ▮ Regresión.
   ▮ Compatibilidad.
   ▮ Integración.
   ▮ Aceptación.

4. **Complete el siguiente texto.**

El **objetivo** de estas pruebas es **identificar** y **explorar** los distintos **módulos** de los que consta la **aplicación** y realizar una serie de **pruebas** sobre ellos como si fuera un **usuario** real el que está **interactuando**.

5. **Este tipo de pruebas son generadas por los usuarios y generalmente dan información de que la aplicación cumple con el funcionamiento para el cual ha sido diseñada. Se habla de...**

    a. ... pruebas de aceptación.
    b. ... pruebas de integración.
    c. ... pruebas de estrés.
    d. ... pruebas de rendimiento.

6. **Relacione los componentes primeros con los correspondientes de más abajo:**

    a. Estructura "repetir hasta que".
    b. Estructura "mientras".
    c. Estructura "bifurcación".
    d. Estructura "secuencial".

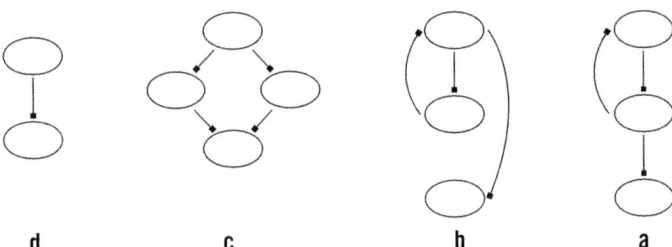

      d   c   b   a

7. **Este tipo de pruebas también son conocidas bajo el sobrenombre de "Pruebas de Caja Blanca". Se habla de...**

    a. ... integración.
    b. ... rendimiento.
    c. ... estructurales.
    d. ... de carga.

8. Las pruebas de caminos básicos pertenecen a...

    a. ... carga.
    b. ... rendimiento.
    c. ... integración.
    d. ... estructurales.

9. Complete el siguiente texto.

Es lo que se conoce como **programación secuencial** (empieza por la **primera instrucción** y acaba **ejecutando** la última **instrucción** de un **código** fuente).

10. En este tipo de integración lo que se hace es comprobar cada componente por separado y a continuación se comprueba la aplicación por completo. Se habla de...

    a. ... integración no incremental ascendente.
    b. ... integración incremental descendente.
    c. ... integración no incremental.
    d. ... integración no incremental descendente.

11. Nombre los objetivos básicos de las pruebas de usabilidad y accesibilidad.

- Responder ante personas con discapacidad.
- Aplicar técnicas óptimas.
- Uso de un lenguaje claro y conciso.
- Equilibrio entre las necesidades de una persona no discapacitada y de una persona discapacitada.

12. Se centran fundamentalmente en localizar código que no es correcto o bien código que puede ser inestable (que si se ejecuta produzca errores en el sistema en el que se está ejecutando). Se habla de...

    a. ... pruebas de caja blanca.
    b. ... pruebas de caja marrón.
    c. ... pruebas de caja azul.
    d. ... pruebas de caja negra.

13. Cuando se habla de escaneo de posibles vulnerabilidades, se hace referencia a pruebas de...

    a. ... seguridad.
    b. ... integridad.
    c. ... control.
    d. ... carga.

14. Nombre los tipos de pruebas de rendimiento que hay disponibles.

    ▌ Carga.
    ▌ Estrés.
    ▌ Picos.
    ▌ Estabilidad.

15. Sirven para realizar la comprobación interna de cada una de las entidades *software* de la aplicación. Se habla de...

    a. ... pruebas de caja blanca.
    b. ... pruebas de caja negra.
    c. ... plan de pruebas.
    d. ... test de pruebas.

Solucionario Capítulo 6

1. **De las siguientes afirmaciones, diga cuál es verdadera o falsa.**

   a. Un buen control de versiones ayudará a saber por qué se descarta tal componente o por qué se actualiza la aplicación.

   ☑ **Verdadero**
   ☐ Falso

   b. No es normal cuando se diseña ir dotando la aplicación de ciertos componentes.

   ☐ Verdadero
   ☑ **Falso**

   c. Por control de versiones se entiende el proceso en el que se realizan modificaciones sobre el *software* o la aplicación.

   ☐ Verdadero
   ☑ **Falso**

2. **Liste al menos cuatro mecanismos de control de versiones.**

   ▍ Repositorios.
   ▍ Publicación de cambios.
   ▍ Desprotección.
   ▍ Ramificaciones.
   ▍ Fusiones.
   ▍ Etiquetado.
   ▍ Líneas de base.
   ▍ Actualizaciones.
   ▍ Congelaciones.
   ▍ Gestión de conflictos.

3. **Puede darse el caso de que un usuario bloquee un archivo y se olvide de desbloquearlo. Se habla de...**

   a. ... tiempos exclusivos.
   b. **... tiempos muertos.**
   c. ... tiempos colaborativos.
   d. ... tiempos neutros.

4. **Complete el siguiente texto.**

   Cuando se habla de un **control** de versiones **centralizado,** en realidad se está hablando de **conceptos** que ya se conocen, dado que al tratarse de un **modelo** centralizado se basa en el **concepto** de arquitectura **cliente**/servidor.

5. **El principal objetivo de usar un Sistema Control de Versiones es:**

   a. **Disponer información de cualquier elemento que pueda ser editado en la aplicación o *software*.**
   b. Poder usar el repositorio de datos para proceder a descargarse las copias locales a la máquina y realizar el trabajo correspondiente.
   c. Obtener únicamente la copia del trabajo del repositorio.
   d. Crear y gestionar un repositorio de datos para que los usuarios puedan modificarlos.

6. **Por repositorio se entiende...**

   a. ... entidad destinada a duplicar datos.
   b. ... entidad destinada a modificar datos.
   c. **... entidad destinada a almacenar datos.**
   d. ... entidad destinada a organizar datos.

7. **Nombre los tipos de ramas o ramificaciones que conoce.**

   ▮ Ramas estables.
   ▮ Ramas puntuales.
   ▮ Ramas de largo recorrido.
   ▮ Rama para el desarrollo.

8. **Generalmente, es conocida con el nombre de Trunck. Se habla de...**

   a. Ramas estables.
   b. Ramas puntuales.
   c. Rama de largo recorrido.
   d. **Rama para el desarrollo.**

9. **Complete el siguiente texto.**

   Cuando un usuario quiere realizar una determinada **modificación** sobre el **repositorio**, en principio no lo hará sobre el repositorio **maestro** alojado en el servidor; lo hará en su propia **copia** local y a la hora de **publicarlo** es cuando esta copia local se **mezclará** con el repositorio maestro del **servidor** para actualizar cambios.

10. **Llamamos baseline a...**

    a. ... el repositorio.
    b. ... la fusión.
    c. **... las líneas de base.**
    d. ... el etiquetado.

11. **¿En base a qué se insertan las líneas de base?**

    - Requisitos del usuario.
    - Requisitos *software.*
    - Requisitos *hardware.*
    - Diseño del proyecto.
    - Código fuente.
    - Procedimientos.
    - Pruebas de funcionamiento.

12. **Una actualización...**

    a. ... elimina los cambios del repositorio.
    b. ... desintegra los cambios en el repositorio.
    c. ... congela los datos del repositorio.
    d. **... integra los cambios en el repositorio.**

13. Cuando se habla del comando Sync, se hace referencia a...

    a. ... actualizaciones.
    b. ... etiquetado.
    c. ... fusionado.
    d. ... líneas de base.

14. Commit...

    a. ... se encarga de insertar datos iniciales en el repositorio.
    b. ... se encarga de actualizar el repositorio.
    c. ... no existe en el control de versiones.
    d. Todas las opciones son incorrectas.

15. Los sistemas centralizados...

    a. ... un sistema de control de versiones centralizado no existe.
    b. ... están distribuidos por una arquitectura compleja de máquinas.
    c. ... se basan en la arquitectura cliente/servidor.
    d. Todas las opciones son incorrectas.

Solucionario Capítulo 7

1. **De las siguientes afirmaciones, diga cuál es verdadera o falsa.**

   a. Cuando se habla de ciclo de vida de una aplicación *software*, se hace referencia a la Ingeniería del *software*.

   ☑ **Verdadero**
   ☐ Falso

   b. No hace falta documentar los proyectos que se desarrollan, dado que por lo general es código muy pequeño.

   ☐ Verdadero
   ☑ **Falso**

   c. Cuando se documentan aplicaciones *software*, hay que centrarse únicamente en sus aspectos técnicos.

   ☐ Verdadero
   ☑ **Falso**

2. **Nombre los cuatro modelos o paradigmas sobre los que se basa la Ingeniería del *software*.**

   ▌ Construcción de prototipos.
   ▌ Modelo en espiral.
   ▌ Técnicas de cuarta generación.

3. **Los elementos que indican cómo construir técnicamente el *software* son:**

   a. Métodos.
   b. Herramientas.
   c. Repositorio.
   d. Procedimientos.

4. Complete el siguiente texto.

Cuando se integran **herramientas** de forma que la información creada por una herramienta puede ser **usada** por otra herramienta, se dice que se **establece** un sistema para el soporte de **desarrollo** de *software*, llamado comúnmente Ingeniería del *software* asistida por **computadora** (CASE).

5. Los elementos resultantes de unir métodos y herramientas son:

    a. Métodos.
    b. Herramientas.
    c. Repositorio.
    d. Procedimientos.

6. El paradigma al que también se le conoce con el nombre de modelo en cascada es:

    a. Construcción de prototipos.
    b. Ciclo de vida o modelo lineal secuencial.
    c. Modelo en espiral.
    d. Técnicas de cuarta generación.

7. ¿Cuáles son las fases del ciclo de vida o modelo lineal secuencial?

    ▮ Ingeniería y análisis del sistema.
    ▮ Análisis de requisitos.
    ▮ Diseño.
    ▮ Codificación.
    ▮ Pruebas.
    ▮ Mantenimiento.

8. La fase del ciclo de vida o modelo lineal secuencial en la cual se pasa a implementar la aplicación o proyecto mediante un lenguaje de programación o herramienta IDE se corresponde con...

    a. ... el diseño.
    b. ... las pruebas.
    c. ... la codificación.
    d. ... la revisión.

9. Complete el siguiente texto.

Un análisis **perfecto** al 100 % es **imposible,** un cliente nunca establecerá sus **prerre-quisitos** al inicio de un proyecto, estos fluirán a medida que el proyecto vaya tomando cuerpo.

10. Este método es usado cuando un cliente, a través de sus especificaciones para desarrollarle un programa o aplicación, no detalla puntos fundamentales. Se habla de...

    a. ... técnicas de cuarta generación.
    b. ... modelo en espiral.
    c. ... ciclo de vida o modelo lineal secuencial.
    d. ... construcción de prototipos.

11. La fase del diseño del ciclo de vida o modelo lineal secuencial se basa en cuatro atributos básicos de un programa, ¿cuáles son?

- Estructura de datos.
- Arquitectura del *software*.
- Detalle procedimental.
- Caracterización de la interfaz.

12. La etapa en la que se evalúan los riesgos técnicos y de gestión en el modelo en espiral corresponde a...

    a. ... evaluación del cliente.
    b. ... ingeniería, construcción y adaptación.
    c. ... planificación.
    d. ... análisis del riesgo.

13. Indique los tipos de documentación que es posible aportar a la aplicación.

- De requerimiento.
- De arquitectura y diseño.
- Técnica.
- De usuario: tutoriales, por temas y glosarios.
- Comercial.

14. El documento que se usa para poder comunicar de manera muy precisa los requerimientos y objetivos de la aplicación web es:

    a. Comercial.
    b. De arquitectura y diseño.
    c. **De requerimientos.**
    d. Técnico.

15. Liste los usuarios que pueden hacer uso de un documento de requerimientos.

- Analistas de sistemas/requerimientos.
- Desarrolladores.
- Téster.
- Clientes/usuarios.